DROIT DE COALITION

LES GRÈVES DE 1900
en France et à l'Étranger

par A. HOURS

Membre de l'Association des Anciens Élèves de l'École supérieure de Commerce et de

Tissage de Lyon

Lauréat du Concours Aynard 1901

PARIS
GUILLAUMIN & Cie

ÉDITEURS DU JOURNAL DES ÉCONOMISTES

14, rue Richelieu, 14

1903

ESSAI SUR LA
LÉGITIMITÉ DU DROIT DE COALITION

ESSAI SUR LA LÉGITIMITÉ

DU

DROIT DE COALITION

Les questions sociales sont avant tout des questions morales. — Les grandes pensées viennent du cœur.

VAUVENARGUES

LES GRÈVES DE 1900

en France et à l'Étranger

par A. HOURS

Membre de l'Association des Anciens Elèves de l'Ecole supérieure de Commerce et de Tissage de Lyon

Lauréat du Concours Aynard 1901

PARIS

GUILLAUMIN & Cie

ÉDITEURS DU JOURNAL DES ÉCONOMISTES

14, rue Richelieu, 14

1903

A Monsieur Edouard AYNARD

MEMBRE DE L'INSTITUT

Député du Rhône

Président d'honneur du Conseil d'Administration de l'Ecole supérieure

de Commerce et de Tissage de Lyon

INTRODUCTION

Historique du mouvement ouvrier dans le monde depuis l'antiquité jusqu'à nos jours

Y eut-il des coalitions industrielles et des grèves dans l'antiquité? C'est là une question qui paraîtra peut-être paradoxale et téméraire, mais sur laquelle il importe de s'arrêter quelques instants.

M. Paul Leroy-Beaulieu a écrit quelque part sans citer d'ailleurs aucune source : « Cette sorte de phénomène social a dû exister depuis qu'il y a sur la terre des ouvriers libres (1) ». M. Malapert confirmant cette opinion (2) pense lui aussi « que l'antagonisme des patrons et des ouvriers est la plus vieille de toutes les causes de discorde. En vain, nous dira-t-on, (ajoute-t-il) qu'il ne pouvait être question de ces luttes dans le temps où l'esclavage dominait dans le monde entier. La création des corporations d'artisans montre qu'il y avait des ouvriers libres à côté des esclaves. Ces prolétaires étaient donc dans la néces-

(1) *Les Grèves.* Mémoires de l'Acad. de Caen, 1874, t. 24.
(2) *Etude historique sur 'e coalitions.* Journal des Economistes, 3ᵉ série, t. 26 (1872) p. 347.

sité de débattre le prix de leur travail contre ceux à qui ils le vendaient (1) ».

La lecture de ces divers passages amènerait aisément à penser que les luttes industrielles dont nous nous occupons remontent à une époque tout à fait primitive, et que les Grecs et les Romains ont vu se former parmi les ouvriers quelque chose de semblable à nos associations ouvrières de résistance et aux Trades Unions anglaises.

Il se trouve pourtant des auteurs assez nombreux pour soutenir l'opinion contraire et qui prétendent que les grèves sont des phénomènes d'origine récente et se rattachent au régime actuel du travail. « Permises ou non, dit M. Jourdan, on fait des grèves depuis 50 ans (2) ». « On comprendra facilement, dit M. Carlo Guetta, comment dans la première époque, (comprenant l'antiquité et le Moyen âge) aucune disposition de loi n'ait été portée pour réprimer les coalitions des patrons et des ouvriers; il n'y avait pas lieu d'interdire ce qui ne pouvait se pro-

---

(1) A l'appui de cette assertion que nous avons lieu de croire fondée, quoique cependant exagérée, M. H. Glottin, dans son *Etude historique, juridique et économique sur les Syndicals professionnels*, nous dit que : « la nécessité de l'association entre gens pratiquant le même métier est telle que, dès la plus haute antiquité, nous trouvons les artisans réunis en corporations ». Or de l'association à la coalition il n'y a qu'un pas; les conséquences de la loi de 1884 sur les Syndicats, dont nous reparlerons dans le cours de cette étude, l'ont suffisamment démontré; aussi ces associations, que M. Glottin, se fondant sur l'autorité de l'auteur du Digeste, de Denys d'Halicarnasse, etc., nous certifie avoir existé en Grèce, en Asie Mineure et à Rome, prirent-elles une grande part aux troubles civils qui éclatèrent à différentes reprises, à Rome notamment, à la fin de la République. Leur développement relativement considérable devint même promptement un danger pour la société et motiva diverses mesures de répression d'une sévérité exceptionnelle.

(2) *Cours analytique d'Economie politique.* Paris 1882, p. 337.

duire. Dans le régime de ce temps tout le travail était laissé aux esclaves (1) ».

Nous nous trouvons évidemment en présence de deux groupes d'opinions singulièrement forcées dans leur sens respectif, et comme il arrive dans bien d'autres cas, la vérité se trouve ici dans un juste milieu. « Nous sommes autorisés à affirmer qu'il y eut quelques grèves dans l'empire romain à dater du iii° ou du iv° siècle de notre ère, et par conséquent des coalitions industrielles, car la coalition précède toujours la grève ; il paraît seulement certain qu'elles furent beaucoup plus rares et beaucoup moins importantes que celles de nos jours (2) ». Ces lignes, empruntées à l'intéressant et magistral ouvrage de M. A. Crouzel, nous paraissent dignes de créance, autant par l'authenticité des documents sur lesquels s'appuie l'auteur, que par la loyauté de sa discussion et la clarté de ses explications.

Il est bien certain aujourd'hui que le travail des esclaves n'était pas le seul existant dans l'antiquité ; nous savons que le travail libre, dont il n'est pas possible, sans doute, de déterminer l'exacte proportion chez les Juifs, fut toujours prépondérant en Chine ; que la classe des gens de métier ou des artisans en Egypte, quoique assez misérable, n'en était pas moins libre de condition, et que le travail libre a dû également avoir sa place dans l'Inde ancienne (3).

Des textes certains nous permettent également d'affirmer que les artisans libres ne manquaient pas à Athènes (4) ;

(1) *Della coalizione industriali e commerciali.* Napoli, 1875, in-8, p. 25.

(2) A. Crouzel : *Etude historique, économique et juridique sur les coalitions et les grèves dans l'industrie.* Chap. 1er, p. 14.

(3) H. Wallon : *Histoire de l'esclavage dans l'antiquité.* T. Ier.

(4) A. Bœckh : *Economie politique des Athéniens.* Trad. A. Laligant, T. I., p. 59-60.

à Rome, les travailleurs libres étaient en comparaison des esclaves beaucoup plus nombreux qu'en Grèce (1).

C'est à tort aussi que certains auteurs, poussés par un trop grand désir de prouver le caractère récent des grèves et l'impossibilité de leur manifestation dans l'antiquité, ont prétendu que ce genre de luttes avait dû être étranger à une période où l'on ne connaissait guère que le travail isolé. L'expérience nous a prouvé que les ouvriers des grandes fabriques n'étaient pas les seuls qui fussent susceptibles d'entrer dans la voie de la grève.

Notre siècle a vu des grèves désastreuses éclater parmi les charpentiers, les maçons, les ouvriers boulangers, tou·tes grèves où la grande industrie n'est nullement néces·saire, où le régime de l'entreprise suffit. D'ailleurs les peuples de l'antiquité ont possédé des fabriques d'une certaine importance (2).

Et s'ils n'ont presque pas eu à souffrir des grèves, la plupart même, peut-être pas du tout, ce résultat ne sau·rait être expliqué par l'absence de la grande industrie, encore moins par celle du travail libre. Il faut ajouter cependant, que ces deux éléments ont dû jouer un rôle pour prévenir les grèves et que leur influence dans ce sens a certainement été décisive. M. Crouzel nous dit d'ailleurs, et nous ne pourrions avoir un meilleur guide: « La concurrence qu'il (le travail des esclaves) n'a cessé de faire au travail libre, jointe, presque partout, à la situation précaire et misérable de l'ouvrier, suffit pour expliquer l'absence ou la rareté des grèves et coalitions dans l'antiquité (3) ».

(1) Humbert : *La condition des ouvriers libres chez les Romains,* p. 389).

(2) Humbert, *op. cit.,* p. 397.

(3) A. Crouzel, *op. cit.,* p. 20.

Parmi les quelques grèves et coalitions que nous trouvons mentionnées dans les auteurs, comme appartenant à l'époque qui nous intéresse, nous citerons d'abord la *Retraite de la Plèbe sur le Mont Sacré* (1). Il nous semble, cependant, que cet épisode de l'histoire de Rome ne peut recevoir la dénomination de grève, que par une extension un peu abusive du sens de ce mot, car elle affecte plutôt le caractère d'une émeute politique. Mais le même auteur signale avec raison, d'après Tite-Live, une grève de *joueurs de flûte*, véritable grève cette fois, qui eut lieu au iv⁰ siècle. Nous croyons devoir citer le passage de Tite-Live relatif à cet évènement moins important que curieux: « Les joueurs de flûte, mécontents de ce que les derniers censeurs leur avaient interdit les banquets sacrés du temple de Jupiter, auxquels ils avaient été admis de temps immémorial, se retirèrent tous à Tibur, en sorte qu'il ne resta personne pour jouer pendant les sacrifices. Cet incident alarma la religion du Sénat. On députa à Tibur pour tâcher que ces hommes fussent rendus aux Romains (2) ». Tite-Live nous raconte ensuite que les Tiburtins ayant réussi grâce à un stratagème à ramener les joueurs de flûte à Rome, il fut accordé à ces derniers pleine et entière satisfaction. On voit que cette grève, qui diffère d'ailleurs sous bien d'autres rapports de celles de nos jours, eut un succès complet.

Il y eut encore des grèves dans le Bas-Empire. Quelques-unes même ont eu jusqu'à un certain point un carac

---

(1) « Un des premiers exemples relativement certain de coalition et même de grève, nous dit M. le Comte de San Giuliano dans son remarquable rapport à la Chambre des Députés italienne, sur le projet de loi relatif aux grèves (1884), nous est offert par l'histoire romaine dans la Retraite de la Plèbe sur le Mont Sacré ».

(2) Tite-Live, *Histoire romaine*, IX, p. 30, trad. Nisard.

tère permanent. La fréquence toute relative de ces phénomènes économiques s'explique par une transformation du mode de travail ; elle tient à ce que les Romains, voyant se tarir avec la cessation de leurs conquêtes, l'une des principales sources de l'esclavage, l'influence prépondérante appartient alors, non plus aux esclaves, mais aux travailleurs libres. On commença à compter avec eux. Leurs coalitions ne furent plus condamnées à l'insuccès. On ne pouvait plus se passer de leur concours ; celui qui commande le travail et celui qui le fournit commençaient à avoir un égal besoin l'un de l'autre.

C'est à ce moment que nous voyons apparaître ces grèves favorisées par les corporations d'artisans, dont nous avons signalé plus haut l'existence. Nous citerons comme exemple de ces sortes de grèves, *celle des boulangers de Magnésie* (1). Un fragment d'inscription grecque, publié pour la première fois en 1883, dans le *Bulletin de correspondance hellénique*, nous permet d'en affirmer le caractère aigu, et nous autorise à supposer que nous nous trouvons bien là en présence d'une véritable grève, d'une tentative faite par des travailleurs, ayant individuellement la liberté de chômer, pour améliorer les conditions du travail au moyen du chômage. Les grévistes furent d'ailleurs l'objet de mesures de répression de la part des autorités, et les corporations ou confréries se virent sévèrement interdites.

Beaucoup d'autres grèves de ce genre avaient dû éclater auparavant, car l'empereur Zénon dans deux de ses Constitutions a porté des peines contre certaines grèves et coalitions ; mais elles n'entraînaient jamais ou presque jamais le chômage d'un très grand nombre d'ouvriers.

(1) Citée par M. A. Crouzel : *op. cit.*, p. 34.

Les grandes grèves n'ont pu précéder le développement de la grande industrie.

*
* *

Quant à cette période du Moyen âge qui suit la chute de l'empire romain, on y chercherait en vain quelques exemples du genre d'évènements qui fait l'objet de cette étude. Le travail libre n'a pu y jouer qu'un rôle assez effacé, le principal appartient toujours à un travail plus ou moins servile, d'un caractère plus doux cependant que l'esclavage. Sous l'influence de diverses causes en effet, parmi lesquelles il faut compter la misère générale, l'esclavage, perdant peu à peu du terrain devant le servage, finit par lui céder complètement la place, et cette substitution réalise un certain progrès. Toutefois la condition inférieure du serf lui rendait encore impossible toute résistance aux prétentions de son seigneur, surtout à la campagne dans les manses seigneuriales ou tributaires.

Il ne faut donc pas s'étonner si les sources, il est vrai peu abondantes, ne mentionnent à cette époque ni grève, ni coalition industrielle. Ce qui caractérise ces temps malheureux, c'est l'absence totale d'industrie et de commerce, c'est le règne absolu de l'isolement, c'est la situation fâcheuse du travailleur même de condition libre, que le mode de rémunération de son travail tient dans la dépendance de l'employeur.

Nous nous garderions d'omettre toutefois que ce fût dans le cours de cette période, que prit naissance une institution disparue aujourd'hui en France, institution qui pendant de longs siècles constitua par son caractère d'assistance mutuelle et d'étroite solidarité une sorte de coalition permanente pour la défense d'intérêts communs:

nous voulons parler des ghildes ou corporations (1).
Leur formation marque le commencement d'une nouvelle période moins malheureuse pour la classe ouvrière.
Elles durent être alors fort répandues : elles répondaient
à un besoin nouveau qui se développait à mesure que les
temps devenaient moins durs et qu'un bien être relatif
s'étendait parmi les travailleurs, à savoir le besoin de se
grouper pour se soutenir mutuellement et parvenir à une
condition meilleure.

Pendant cette période donc, nous assistons à la naissance des corps de métiers, mais nous ne voyons pas
encore de luttes industrielles. La séparation ne s'est pas
encore produite entre la classe des ouvriers et celle des
patrons. Quant à la coalition, elle existe dès ce moment
à l'état permanent contre le public, car tel est bien le caractère de la corporation de ce temps.

Il n'en est plus de même en ce qui concerne la 2e période du Moyen age, avec laquelle l'Europe sort enfin du
chaos où la barbarie l'a plongée. On ne voit pas se produire
cependant de sensibles modifications dans l'organisation

(1) « L'expression ghilde, nous dit M. Crouzel, ne désigne pas à
proprement parler la société ouvrière; c'est une dénomination gé-
nérique applicable à diverses sortes d'association... Certaines ghildes
se proposaient un but religieux, d'autres la défense de la société
toute entière contre les agressions dont elle pouvait être l'objet de
la part des malfaiteurs; d'autres songeaient aux intérêts du commerce auquel se livraient ses membres; plusieurs étaient des sociétés de secours mutuels ou de charité, ou même des sociétés d'assurance mutuelle contre le naufrage ou l'incendie ». (A Crouzel, *op.
cit.*, p. 45).

Au xiiie siècle la ghilde d'artisans n'est que le corps de métier du
Nord, tandis que celui du Midi porte le nom de corporation; c'est
ce dernier terme qui peu à peu fut employé presque partout en
France, tandis que l'Allemagne et l'Angleterre conservaient celui de
ghilde.

du travail. Dans l'intervalle de ces deux siècles, siècles de transition, non de transformation, la condition des ouvriers de la plupart des métiers ne se modifie guère en effet. Quelques grèves et coalitions industrielles commencent toutefois à se produire. Les corporations, qui existent presque partout et dont l'influence et le rôle grandissent tous les jours, ne sont pas arrivées à créer entre le patron et l'ouvrier cette séparation profonde qui sera l'œuvre des siècles qui suivront (1).

Elles ne constituent encore qu'un asile tutélaire pour tous leurs membres, disposant d'une force capable de résister aux exactions des seigneurs ou aux empiètements des métiers voisins, et veillant d'une manière assez équitable sur les droits et les intérêts des maîtres comme sur ceux des ouvriers (2). Et c'est dans cette espèce d'intimité qui liait alors le maître et l'ouvrier (3) qu'il faut voir la cause de la rareté des grèves à cette époque. Les métiers où la classe ouvrière se trouve séparée de celle

---

(1) Pour le moment, nous dit M. Crouzel, « la condition de l'ouvrier n'est qu'un simple stage amenant le plus souvent à celle de patron. » On comprend donc aisément que ce caractère tout passager d'une condition subordonnée et le peu de distance qui la séparait de celle de patron, rendaient le sort de l'ouvrier assez supportable.

(2) Comme preuve de cette protection du corps de métier à l'égard de l'ouvrier, citons un fait rapporté par M. Levasseur : « Dans une querelle qui s'éleva en 1321 entre les maîtres et les valets foulons, les valets, entre autres griefs, accusaient leurs patrons de prendre trop d'apprentis, de faire parer leurs draps hors de leur maison par des étrangers et de s'entr'aider pour les étendre sur les cordes et pour les ôter ; ils eurent satisfaction sur tous les points et il fut décidé qu'on ne pourrait à l'avenir user d'aucun de ces moyens qui permettaient de se passer de l'assistance de l'ouvrier ».

(3) « Ce dernier sous le nom de valet, de sergent ou de compagnon vivait dans une certaine intimité avec le maître et mangeait parfois à sa table ». (Fagniez : *Etudes sur l'industrie et la classe industrielle à Paris au XIIIe et au XIVe siècles*).

des maîtres par une plus grande distance, nous présentent en effet les premières luttes industrielles et c'est dans ces métiers que nous trouvons les premières mesures prises, au Moyen âge, contre les coalitions et les grèves. Il est à remarquer toutefois que les coalitions sont dès cette époque interdites, aussi bien entre fabricants qu'entre ouvriers.

On trouvera dans les ouvrages spéciaux de MM. San Giuliano, Levasseur, Hubert-Valleroux, Bourquelot, le détail des grèves et coalitions qui se produisirent dans le cours de cette période.

Avec la période des Temps Modernes une ère nouvelle, ère de transformation, va s'ouvrir pour les classes laborieuses. En face de la richesse et de la puissance grandissante des corps de métiers, en face aussi de la distance qui tous les jours s'accroît entre les maîtres et les ouvriers, nous allons voir ces derniers se constituer en classe entièrement séparée et poursuivre à leur tour leurs intérêts. La lutte des compagnonnages et des corporations, telle va être la forme nouvelle de cet antagonisme séculaire du capital et du travail, né avec le monde et qui ne disparaîtra probablement qu'avec lui.

On comprend donc que M. Levasseur écrive qu'au xve siècle « le corps de métier n'est plus un asile commun ; il est devenu la possession exclusive des maîtres, qui y décident seuls de toutes choses ; on se retrouve quelquefois dans les fêtes de la confrérie, mais dans le corps de métier l'ouvrier se sent comme banni par le maître qui s'est séparé de lui en s'enrichissant, qui ne partage plus comme autrefois tous ses travaux et qui par son privilège a cessé d'être l'égal du compagnon (1) ». Et les rap-

___

(1) E. Levasseur : *Histoire des classes ouvrières en France depuis la conquête de Jules César jusqu'à la Révolution*, T. 1er, p. 272.

ports peu à peu se tendent entre les classes, un peu plus tôt, un peu plus tard, suivant les lieux, si bien que dans la seconde moitié du xiv⁰ siècle, nous dit M. Brentano (et même avant comme nous l'avons vu) « nous trouvons déjà des suspensions de travail, véritables grèves, que l'époque seule distingue de celles du xix⁰ siècle. Elles eurent lieu surtout dans les manufactures de laine en Angleterre, en France et en Allemagne, et dans les siècles suivants elles surgirent dans presque toutes les industries (1) ».

Il ne pouvait en être autrement; l'organisation même des corporations devait fatalemeut donner naissance à nombre de coalitions entre diverses catégories de personnes ayant des intérêts opposés.

Comme aux siècles précédents d'abord, la corporation reste elle-même une coalition permanente destinée à favoriser ou à protéger l'ensemble de ses membres et le métier qu'ils exercent contre le public (2) ou contre les corporations rivales (3). Mais elle sort parfois de ces limites et abuse de son monopole, lorsque les maîtres devenant peu à peu plus riches en arrivent à former une certaine aristocratie du travail. La corporation, dans laquelle les maîtres possèdent seuls ou à peu près seuls

(1) Lujo Brentano : *La question ouvrière*, traduit de l'allemand par Léon Caubert, Paris, 1855, p. 16.

(2) Tel est le rôle que joue la corporation lorsque dans l'intérêt de la maîtrise, elle limite ou fait limiter le nombre des maîtres ; lorsqu'elle obtient des arrêts qui lui défendent pendant trente ou quara⁰e ans de suite, de recevoir des apprentis et des maîtres ; lorsqu'elle décide de n'avoir plus qu'un compagnon par atelier et de ne plus veiller, afin d'élever le prix de la main-d'œuvre.

(3) La corporation protège ses membres contre les corporations rivales lorsqu'elle défend avec un soin jaloux, contre d'autres corps de métier, son monopole; lorsqu'elle surveille hostilement la fabrication de ceux qui ne sont pas de la corporation et lorsqu'elle les frappe de confiscations et d'amendes vexatoires.

le pouvoir, donne naissance alors à une coalition permanente des patrons contre les ouvriers (1).

De leur côté ceux-ci opposent à la corporation l'institution nouvelle des compagnonnages.

La coalition sous toutes ses formes était donc déjà à cette époque l'état ordinaire des différentes classes industrielles, la grève et l'émeute en étaient les compléments obligatoires; car lorsqu'une corporation de métier venait à cesser le travail, la lutte entre le capital et les ouvriers ne tardait pas à s'envenimer à tel point qu'elle donnait lieu souvent à de sanglants conflits. Toutefois ces chocs violents des deux éléments de la production ne furent pas aussi nombreux que l'organisation des partis en présence eut pu le faire supposer. La loi rigoureuse apportait un correctif à cet état d'excitation continuelle née du choc d'intérêts opposés.

Tout était alors étroitement règlementé : les salaires étaient fixés soit par le corps de métier, soit par l'autorité centrale et des peines sévères étaient prononcées contre celui qui acceptait ou donnait un salaire plus élevé (2). La durée de la journée de travail était également déterminée par la loi et de nombreuses ordonnances règlementaient cette matière (3).

(1) C'est dans ce sens que procède la corporation, lorsqu'elle fixe le taux des salaires qu'il ne sera permis à aucun maître de dépasser à l'égard de ses valets; lorsqu'elle augmente les difficultés et les dépenses du chef-d'œuvre, la durée du stage du compagnon.

(2) Le pouvoir jugea à propos d'intervenir à ce sujet, après la fameuse peste, dite de Florence, qui ravagea l'Europe en 1348 et 1349 et amena une hausse universelle des salaires. « La peste noire avait achevé de désorganiser les ateliers ; car les vivants ne suffisaient plus à enterrer les morts ». (H. Blanc : *Les corporations de métiers* p. 88).

(3) Nous citerons seulement comme exemple de cette règlementation des salaires à cette époque : en Angleterre, la proclamation

Comme on le voit les législations française et étrangère de ce moment étaient encore loin d'un régime industriel consacrant la liberté du contrat de travail entre le patron et l'ouvrier.

Sans être totalement impuissante cette règlementation étroite des conditions du travail n'atteignit cependant pas le but qu'elle se proposait en ce qui concerne la suppression complète des grèves. « Il est d'ailleurs de la nature des lois de maximum d'être constamment violées, nous dit M. Crouzel, même par ceux au profit desquels elles ont été portées ».

Les ouvriers s'exposaient en effet de temps en temps (1) à ces peines excessives que la loi leur réservait; et lorsque l'irritation était poussée au comble, ils oubliaient et les dangers qu'ils couraient et le peu de chance de succès de leur entreprise.

*
* *

Il était donné à la Révolution Française de modifier

d'Edouard III aux scheriffs des différents comtés, à laquelle le Parlement donna force de loi; en France, l'ordonnance de Jean II (février 1351) dans laquelle il déterminait le taux de tous les salaires; à Florence également, la fixation arbitraire du taux des salaires fut l'un des principaux griefs des Ciompi contre le Chef des Arts, lors de la révolte de 1378.

(1) Ne voulant pas entrer dans l'étude des diverses grèves qui se sont produites dans le cours de cette période (ce qui nous entrainerait à des développements hors de proportion avec le cadre de notre étude), nous renvoyons nos lecteurs aux ouvrages précédemment cités, à savoir : le comte de San Giuliano : *Rapport*, p. 30 et suiv. Hubert Valleroux : *Situation légale des ouvriers de l'industrie*, en Angleterre, *Bull. de la Soc. de Législ. comp*, tome V, p. 406, 408, 410, 413. Levasseur, *op. cit.*, tome I, p. 235, 236 ; tome II, p. 318-319, 363-364. P. Leroy-Beaulieu, *Les grèves* (mémoire de l'Académ. de Caen, p. 24-25). Smith, *Les coalitions et les grèves*, p 11. (Paris 1886, in-8).

cet état de choses et de proclamer le grand principe de la liberté du travail dont notre pays s'honore à juste titre.

Avec la Révolution se réalisa définitivement la grande réforme pour laquelle Turgot, dans les derniers temps de l'ancienne monarchie, avait lutté vainement. Et ce principe de liberté que le fameux édit de 1776, sous sa forme énergique et saisissante (1), n'avait pas réussi à faire prévaloir, la loi du 2-17 mars 1791 l'imposa (2). La Révolution, à ce point de vue, marque l'une des plus grandes époques de l'histoire de l'humanité, non seulement parce que l'influence que ses principes ont exercé dans tous les Etats fut immense, mais encore à cause du contre-coup que ceux-ci en ont ressenti et surtout parce qu'elle fixe réellement l'origine de la liberté du travail en Europe.

Les conséquences de cette liberté se firent toutefois trop brusquement et trop violemment sentir. Pendant la première moitié du xixᵉ siècle, nous voyons en effet les luttes industrielles se multiplier d'une manière effrayante et prendre des proportions inconnues jusqu'alors (3). Peut-être le développement intense de la grande industrie et la propagation des idées socialistes parmi les ouvriers ne furent-ils pas étrangers à cette fréquence des grèves.

(1) Le préambule de cet édit est cité partout comme un chef-d'œuvre : « Dieu, disait Turgot, en donnant à l'homme des besoins, en lui rendant nécessaire la ressource du travail, a fait du droit de travailler la propriété de tout homme. Cette propriété est la première, la plus sacrée, la plus imprescriptible de toutes ».

(2) *Art. 7.* — Il sera libre à toute personne de faire tel négoce ou d'exercer telle profession, art ou métier qu'elle trouvera bon ; mais elle sera tenue de se pourvoir auparavant d'une patente, d'en acquitter le prix et de se conformer aux règlements de police qui sont ou pourront être faits.

(3) Nous ne pouvons entrer dans le détail de ces grèves nombreuses qui agitèrent cette période tourmentée de la première moitié du

Il est un fait certain, c'est que, au cours de cette période, l'ouvrier, rarement éclairé sur la nécessité de l'ordre économique et sur les avantages qu'il présente pour son propre bien-être, a trop souvent ouvert son esprit à des idées d'égalité mal entendue, à des prédications socialistes qui lui ont parfois bouleversé le sens moral et lui ont fait regarder d'un œil irrité la prétendue tyrannie de ce nouveau seigneur le capital.

Un autre fait non moins certain, c'est que, toujours pendant cette période de cinquante années qui suit la Révolution, le rôle joué précédemment par les compagnonnages dans les luttes industrielles antérieures est devenu celui des associations ouvrières de résistance.

Prohibées le plus souvent par les lois, ces sociétés, réduites à vivre à l'état de sociétés secrètes ou sous la forme de sociétés de secours mutuels, n'en prirent pas moins une part importante aux grèves nombreuses de cette époque troublée ; grèves qu'elles transformèrent parfois en conflits sanglants dont nous condamnons hautement les regrettables violences (1).

La grande industrie avec ses moteurs à vapeur, ses

XIXᵉ siècle ; on consultera toutefois avec intérêt les ouvrages suivants dont nous nous sommes beaucoup inspiré : « *Les Classes ouvrières* » de M. René Lavollée (ouvrage à lire en entier); Hubert Valleroux : *Corporations d'arts et de métiers*, p. 207 à 221 ; Dauby : *Les grèves ouvrières*, p. 31 ; P. Leroy-Beaulieu: *l'Association internationale des travailleurs*, Economiste français, tome 1ᵉʳ, p. 674; P. Leroy-Beaulieu : *La question ouvrière au XIXᵉ siècle*, Revue des Deux Mondes, 2ᵉ période, T. LXXXVI, p. 109; C. de Varigny : *Les Chevaliers du travail*, Revue Bleue, 28 mai 1887.

(1) C'est chez nous particulièrement que ces exemples de grèves violentes furent nombreux. Nous en devons la fréquence au souffle d'égalité et d'émeute qui passait alors à travers la France.

Rendus plus exigeants et plus turbulents, les ouvriers se coalisaient à tout propos, descendaient bruyamment dans la rue et non

capitaux énormes, ses vastes manufactures qui accumulent les ouvriers par centaines de mille, devait nécessairement bouleverser l'ancienne organisation du travail et les conditions de la production. C'est avec elle que devait s'opérer « ce renouvellement » que M. Challemel-Lacour signalait il y a quelques années à l'attention de ses collègues, « renouvellement dans les conditions économiques et morales de la société », qui fait ressembler notre époque aux époques de l'histoire les plus fécondes en transformations. Le travail individuel, l'initiative personnelle s'effaçant de plus en plus devant la toute-puissance de l'association, le peuple se réfugiant dans les syndicats, la transformation des contrats de travail et de louage d'ouvrage sont autant de phases successives de cette œuvre de « reconstruction et de réorganisation sociale » qui sera l'honneur du xixe siècle et lui donnera une physionomie à part dans l'histoire de l'humanité.

contents de suspendre le travail, envahissaient les ateliers et contraignaient par la force leurs camarades à en faire autant. Nous mentionnerons seulement en passant la grève des canuts de Lyon en 1831 et celle des mineurs de St-Etienne en 1844.

La Belgique et l'Angleterre furent aussi, durant cette période, le théâtre de faits d'une gravité exceptionnelle qui ont laissé les plus pénibles souvenirs.

CHAPITRE PREMIER

Légitimité du droit de coalition au point de vue juridique

Le principe de la liberté du travail, proclamé par la Révolution Française, aurait dû, semble-t-il, entraîner par voie de conséquences, pour les patrons et pour les ouvriers, le droit de s'entendre entre eux, de se coaliser pour la défense de leurs intérêts professionnels respectifs.

Il n'en fut rien, et ce n'est que soixante-dix sept ans après la proclamation de cette liberté du travail que la légitimité de l'action collective fut admise.

Raconter les conflits qui se sont maintes fois produits pour arriver à ce résultat, ce serait refaire l'histoire du travail depuis 1791. Une pareille étude dépasserait de beaucoup le cadre qui nous est assigné.

Nous étudierons, plus particulièrement, la loi essentielle de 1864 qui, bien qu'assez imparfaite, constitue néanmoins un réel progrès sur la situation antérieure. Nous verrons quelle en fut la portée chez nous et la répercussion à l'étranger.

Puis cette légitimité de droit une fois établie, nous

examinerons le côté économique de la question, d'après
les données de la raison et d'après celles aussi de l'expérience.

Après quoi, nous rechercherons quelles ont été les
conséquences de cette double légitimité du droit de coalition en France et à l'étranger, en nous attachant plus
particulièrement à l'étude de leurs manifestations durant l'année 1900. Autrement dit, nous étudierons, d'après
les statistiques officielles qui ont été en notre possession,
les motifs, les résultats et les conséquences de nos luttes
industrielles modernes, des grèves en un mot.

Lorsqu'on aborde cette étude de la législation des coalitions, ce qui frappe, à première vue, c'est l'esprit antili-
béral des assemblées qui, au lendemain de la Révolution,
avaient été appelées à assurer les fondements de l'ordre
nouveau. Dans la crainte de voir se reconstituer les corporations et les jurandes, les législateurs n'hésitèrent pas
à prendre les mesures les plus contraires à la liberté et
aux véritables intérêts des classes laborieuses. La défiance,
qu'inspirait alors généralement le droit d'association
pour les ouvriers, et qu'il devait surtout inspirer à ceux
qui avaient supprimé les antiques corps de métiers, se
chargea de fournir des arguments contre la faculté de se
coaliser et de suspendre le travail.

Nous trouvons l'écho de ces sentiments dans le discours prononcé le 14 juin 1791 par le député Le Chapelier, rapporteur du projet qui devint la loi des 14-17 juin.
En termes émus, Le Chapelier annonce à la Constituante
que quelques personnes « ont essayé de former des assemblées d'arts et de métiers »; que ces assemblées, qui se

propagent dans le royaume et qui ont déjà établi entre elles des correspondances, ont pour but de forcer les entrepreneurs de travaux à augmenter le prix de la journée de travail; d'empêcher les ouvriers et les particuliers, qui les occupent dans les ateliers, de faire entre eux des conventions à l'amiable et de les contraindre à signer sur des registres l'obligation de se soumettre au taux de la journée de travail fixé par ces assemblées et aux autres règlements qu'elles se permettent de faire. « Sans doute, concluait-il, il doit être permis à tous les citoyens de s'assembler, mais il ne doit pas être permis aux citoyens de certaines professions de s'assembler pour leurs prétendus intérêts communs. Il n'y a plus de corporation dans l'Etat ; il n'y a que l'intérêt particulier de chaque individu et l'intérêt général ». Ces paroles furent couvertes d'applaudissements et l'Assemblée Constituante s'empressa de formuler la loi des 14-17 juin 1791 (1).

Il est à remarquer toutefois, que cette loi qui punit les coalitions des entrepreneurs contre les consommateurs et

---

(1) L'article 4 que nous extrayons de cette loi, qui en comporte 28, permettra d'en apprécier l'esprit. « Si, contre les principes de la liberté et de la constitution, des citoyens, attachés aux mêmes professions, arts et métiers, prenaient des délibérations ou faisaient entre eux des conventions, tendant à refuser, de concert, ou à n'accorder qu'à un prix déterminé, le secours de leur industrie ou de leurs travaux, lesdites délibérations et conventions accompagnées ou non du serment sont déclarées inconstitutionnelles, attentatoires à la liberté et à la déclaration des droits de l'homme et de nul effet. Les corps administratifs et municipaux seront tenus de les déclarer telles. Les auteurs, chefs et instigateurs qui les auront provoquées, rédigées ou présidées seront cités devant le tribunal de police, à la requête du procureur de la commune, condamnés chacun à 500 livres d'amende et suspendus pendant un an de l'exercice de tous droits de citoyens actifs et de l'entrée dans les assemblées primaires ».

celles des ouvriers et compagnons contre leurs maîtres, ne punit pas les coalitions des maîtres contre les ouvriers. Plus juste, la loi du 28 septembre 1791 les prévoit et les punit les unes et les autres. En même temps qu'elle proclame la franchise du territoire de la France et la liberté du travail agricole, cette loi sanctionne cette liberté et la protège contre les coalitions, dans les termes suivants (1) : « Les propriétaires ou les fermiers d'un même canton ne pourront se coaliser pour faire baisser ou fixer à vil prix la journée des ouvriers ou les gages des domestiques, sous peine d'amende du quart de la contribution mobilière des délinquants et même de la détention de la police municipale, s'il y a lieu (2) ».

Quant aux coalitions d'ouvriers agricoles, puisque cette loi s'applique spécialement à l'agriculture, l'article 20 les punit plus sévèrement encore : « Les moissonneurs, les domestiques et ouvriers de la campagne ne pourront se liguer entre eux pour faire hausser et déterminer le prix des gages ou des salaires, sous peine d'une amende qui ne pourra excéder la valeur de douze journées de travail et, en outre, de la détention de la police municipale ».

Il y a une différence à constater entre la peine prononcée contre les propriétaires et celle prononcée contre les ouvriers ; les premiers peuvent n'être pas punis d'emprisonnement, les seconds le sont toujours.

Nous trouvons ensuite dans l'ordre chronologique diverses autres dispositions sur le même sujet. C'est d'abord la loi du 23 Nivôse an II qui aggrave sérieusement les précautions et les rigueurs. Non seulement, cette loi

---

(1) D. Dalloz. — *Répertoire de législation, de doctrine et de jurisprudence.* — (V° Ind¹ᵉ).

(2) Loi du 28 septembre 1891, titre II, art. 19.

nouvelle, spéciale, il est vrai, pour les manufactures de papier, punit les coalitions, mais elle ne permet à l'ouvrier de cesser son travail, en aucun cas, sinon pour maladies ou infirmités dûment constatées. Il est à remarquer que les dispositions édictées contre les patrons sont beaucoup moins sévères ; toutefois ils ne peuvent congédier aucun ouvrier, sans l'avoir prévenu six mois à l'avance, à moins de faits graves.

C'est ensuite la loi du 22 Germinal an XI qui vient modifier et compléter les lois antérieures, notamment celle des 14-17 juin 1791, dont elle diffère sur plusieurs points : 1° En ce qu'elle ne requiert plus comme condition de délit, que les ouvriers coalisés appartiennent au même métier et qu'elle punit même les concerts d'artisans d'industries différentes ; 2° En ce qu'elle ne se contente plus du concert pur et simple, mais exige en outre, une tentative ou un commencement d'exécution ; elle introduit aussi une différence entre les patrons et ouvriers, en frappant ceux-ci toutes les fois qu'ils se coalisent, tandis qu'elle n'atteint les coalitions de patrons qu'autant qu'elles sont jugées injustes et abusives.

Vient enfin le Code pénal de 1810 qui formule d'une manière plus claire et plus précise dans ses articles 414-415-416 (1) les peines prononcées contre les coalitions

---

(1) *Art. 414.* — Toute coalition entre ceux qui font travailler des ouvriers, tendant à forcer injustement et abusivement l'abaissement des salaires, suivie d'une tentative ou d'un commencement d'exécution, sera punie d'un emprisonnement de six jours à un mois et d'une amende de 200 à 300 fr.

Art. 415. — Toute coalition de la part des ouvriers pour faire cesser en même temps, de travailler, interdire le travail dans un atelier, empêcher de s'y rendre et d'y rester avant ou après de certaines heures et, en général, pour suspendre, empêcher, enchérir les travaux, s'il y a eu tentative ou commencement d'exécution,

fomentées par les patrons et les ouvriers et portant atteinte à la liberté du travail. Les dispositions de ces articles, quoique établissant un système assez semblable à celui de la loi du 22 Germinal an XI, aggrave cependant les pénalités portées contre les patrons et frappent très sévèrement les chefs des coalitions ouvrières.

Aucune modification ne fut apportée à la législation des coalitions pendant la Restauration et la Monarchie de Juillet. La question ne devait revenir à l'ordre du jour qu'avec la République de 1848. La fréquence des luttes industrielles, jointe à la crise qui régnait alors, appela vivement sur la question ouvrière les préoccupations des pouvoirs publics, et la réforme des articles du Code fut décidée, en vue d'établir l'égalité des peines encourues par les patrons et les ouvriers. Celui-ci, comme on a pu le voir par la lecture des articles 414 et 415, consacrait en effet une véritable inégalité entre les patrons et les ouvriers : inégalité de peine, d'abord, mais aussi et surtout, inégalité dans les éléments du délit de coalition. Ainsi le voulaient les principes de la Constitution de 1848 qui proclamaient l'égalité des rapports entre les patrons et les ouvriers (art. 13). D'autre part, l'Assemblée Cons-

sera puni d'un emprisonnement d'un mois au moins et de trois mois au plus. Les chefs ou moteurs seront punis d'un emprisonnement de deux à cinq ans.

Art. 416. — Seront aussi punis de la peine portée par l'article précédent, et, d'après les mêmes distinctions, les ouvriers qui auront prononcé des amendes, des défenses, des interdictions ou toutes proscriptions, sous le nom de damnations ou sous quelque qualification que ce puisse être, soit contre les directeurs d'atelier et entrepreneurs d'ouvrage, soit les uns contre les autres.

Dans le cas du présent article et dans celui du précédent, les chefs ou moteurs du délit pourront, après l'expiration de leur peine, être mis sous la surveillance de la haute police pendant deux ans au moins et cinq ans au plus.

tituante de la II° République était l'élue du suffrage universel, décrété par le gouvernement provisoire ; il était naturel qu'elle s'occupât d'une question si passionnante pour les ouvriers-électeurs et qu'elle leur témoignât les égards auxquels leur donnait droit leur nouvelle puissance politique. Aussi, dès les premiers jours de son existence, l'Assemblée Constituante reporta-t-elle toute son attention sur l'étude de ce grave problème dont la solution se fit d'ailleurs longtemps attendre. Au cours de cette longue discussion, fertile en projets et en rapports divers, l'Assemblée Législative à son tour, profitant des travaux de la Constituante, nomma une Commission et donna enfin, après plus d'un an, la loi du 27 novembre 1849 qui n'apportait en réalité aucune amélioration. La coalition restait un délit punissable, quelle que soit l'intention des personnes (1).

On avait pu croire un moment, que, grâce aux efforts de Bastiat, la liberté allait triompher. Le grand chef de l'école libre-échangiste prononça à cette occasion un lumineux discours. Mais les esprits n'étaient pas encore suffisamment préparés. La Commission chargée d'examiner le projet de loi reconnut que l'ouvrier, pris indivi-

(1) Les articles 414, 415, 416 du Code pénal sont modifiés comme il suit :

Art. 414. — Sera punie d'un emprisonnement de six jours à trois mois et d'une amende de 16 à 3 000 francs : 1° Toute coalition entre ceux qui font travailler des ouvriers, tendant à forcer l'abaissement des salaires, s'il y a eu tentative ou commencement d'exécution ; 2° Toute coalition de la part des ouvriers pour faire cesser en même temps de travailler, interdire le travail dans un atelier, empêcher de s'y rendre avant ou après certaines heures, et, en général, pour suspendre, empêcher, enchérir les travaux, s'il y a eu tentative ou commencement d'exécution. Dans les cas prévus par les deux paragraphes précédents, les chefs ou moteurs seront punis d'un emprisonnement de deux ans à cinq ans.

duellement, est en droit de refuser le travail ; mais, en même temps, elle déclara que la coalition était contraire au principe de la libre concurrence qu'elle constituait par elle-même, et abstraction faite des actes qui peuvent l'entacher, une atteinte à la liberté. Ce raisonnement qui fait le fond du discours de M. de Vatismesnil, rapporteur du projet, l'emporta devant l'Assemblée législative, et ce ne fut que seize ans plus tard, en 1864, que la question fut reprise et tranchée dans le sens de la liberté.

**

* * *

« En 1849, Léon Faucher disait que l'Angleterre pou-
« vait tolérer le droit de coalition parce qu'elle avait
« pour correctif la liberté commerciale. En 1863, la
« France commençait à avoir la liberté commerciale et
« n'avait pas encore le droit de coalition. Mais la logi-
« que l'invitait doublement à le reconnaître (1) ». Les
peines contre les coalitions devenaient en effet de plus

Art. 415. — Seront aussi punis des peines portées dans l'article précédent, et d'après les mêmes distinctions, les directeurs d'atelier ou entrepreneurs d'ouvrage et les ouvriers qui, de concert, auront prononcé des amendes autres que celles qui ont pour objet la discipline intérieure de l'atelier, des défenses, des interdictions ou toutes proscriptions sous le nom de damnations ou sous quelque qualification que ce puisse être, soit de la part des directeurs d'ateliers ou entrepreneurs contre les ouvriers, soit de la part de ceux-ci contre les directeurs d'ateliers ou entrepreneurs, soit les uns contre les autres.

Art. 416. — Dans les cas prévus par les deux articles précédents les chefs ou moteurs pourront, après l'expiration de leur peine, être mis sous la surveillance de la haute police pendant deux ans au moins et cinq ans au plus.

(1) *Histoire des classes ouvrières en France.* — E. Levasseur, tome II, livre 1, chap. III.

en plus impopulaires et contraires à la conscience publique; les Ministres de la Justice et des Travaux publics,
eux-mêmes, n'hésitaient pas à le constater dans un rapport confidentiel qu'ils adressaient à l'Empereur. L'interdiction des grèves ou des coalitions ne pouvait avoir
d'ailleurs beaucoup d'efficacité. Les magistrats, dans la
crainte d'augmenter l'irritation et de rendre les rapprochements plus difficiles, retenaient dans leurs mains les
armes que la loi leur avait données et s'abstenaient de
toute intervention répressive, ou bien, quand il leur
arrivait de sévir, ils le faisaient quelquefois, avec un tel
manque de discernement que leurs arrêts donnaient lieu
à des colères violentes et justifiées (1).

Il paraissait plus conforme à l'impartialité que doit
garder le législateur de sortir de cette indécision qui
caractérise la plupart des jugements rendus en la matière,
de 1850 à 1862; indécision dans laquelle les esprits se
sentaient mal à l'aise et que venait encore augmenter la
clémence de l'Empereur s'étendant sur les condamnés (2).

« Que résulte-t-il de cet état de choses incontestable ? concluaient les ministres dans le rapport mentionné
plus haut, que nous n'avons en cette matière, ni les
avantages d'une législation pénale empreinte de sévérité, ni l'honneur d'une législation libérale ».

Cette législation libérale fut l'œuvre de MM. Emile

____

(1) « Parfois, nous dit M. Levasseur, une simple entente ni vio
« lente, ni frauduleuse et fondée en équité tombait sous le coup de
« la loi ; c'est ce qui est arrivé en 1863, aux ouvriers typographes ».
E. Levasseur, *op. cit.* p. 383.

(2) « A peine les condamnations pour délit de coalition étaient-
elles poursuivies par les tribunaux que la clémence de l'Empereur,
d'accord avec la conscience publique, s'étendait aussitôt sur les
condamnés ». (Voir le *Rapport-Moniteur* de 1864, p. 871).

Ollivier et de Morny et Napoléon III eut le mérite de comprendre et d'adopter leurs vues.

Au lendemain des élections de 1863, la nécessité d'une loi sur la liberté des coalitions s'imposait. A côté de considérations d'ordre économique, d'autres, plus impérieuses, purement politiques, celles-là, nécessitaient à bref délai le dépôt par le Gouvernement d'un projet modifiant la loi sur les coalitions. « Les élections n'ont « laissé en présence que deux forces : l'Empereur et la « Démocratie ; les forces de la démocratie grandiront « sans cesse. Il est urgent de la satisfaire, si on ne veut « être emporté par elle (1) ». Ces lignes, remarquables par leur fermeté nette et hardie, de Morny seul était capable de les écrire et, surtout, de les faire lire à l'Empereur. Il fallait, en effet, se faire une alliée de la Démocratie, la rendre inoffensive, en satisfaisant ses désirs. « Toute « la classe populaire est allumée sur cette liberté des coa- « litions, disait M. Emile Ollivier à de Morny, en no- « vembre 1863 ; le récent procès des typographes a dé- « montré les duretés vraiment iniques de la loi actuelle, « un nouveau procès de ce genre serait matériellement « impossible ». Et il ajoutait : « Conseillez l'abrogation « d'une loi injuste qui blesse et opprime le travailleur « et méconnait son droit primordial de se concerter sur « les conditions auxquelles il accordera son travail ».

De Morny réussit à faire partager cette conviction à l'Empereur qui déposa, à l'ouverture de la session législative de 1864, un projet qui modifiait profondément la loi sur les coalitions.

La loi de 1849 allait donc disparaître devant la liberté

---

(1) De Morny. — *Note à l'Empereur*. Juin 1863, citée par M. E. Ollivier. — (Revue des Deux-Mondes, 1ᵉʳ Juillet 1901).

complète, base du régime nouveau. Toutefois, cette évolution de la législation, car c'en est une, ne devait pas se
produire sans tiraillements et sans murmures.

De puissants intérêts privés se sentaient vivement
atteints et ne se résignaient pas à se voir sacrifiés à
l'intérêt général. Il est même permis de se demander
si le vote de cette loi du 1er Mai 1864, fut bien l'expression sincère des désirs de la majorité et s'il ne fut pas,
au contraire, le résultat d'un coup de surprise, d'un en-
thousiasme passager dont nous sommes coutumiers dans
notre beau pays de France.

Il n'en est pas moins vrai que le projet de loi annoncé
par l'Empereur fut aussitôt soumis au Conseil d'Etat qui
prépara une réforme des articles 414, 415 et 416 du Code
pénal. Cette réforme était fondée sur une distinction à
établir entre les coalitions accompagnées de violences ou
de manœuvres coupables et les coalitions simples. Ces
dernières, c'est-à-dire les coalitions honnêtes, pacifiques,
le Conseil d'Etat les exemptait de toute peine, au nom
de la liberté du travail. Quant aux autres, il aggravait
pour elles les peines édictées. Le droit de la coalition
pacifique était insuffisamment garanti et la provocation,
c'est-à-dire l'initiative en matière de coalition, était très
sévèrement punie. Le Conseil d'Etat n'admettait donc
pas d'une manière absolue le droit de coalition avec toutes ses conséquences. C'était une modification non une
abrogation.

La Commission du Corps législatif chargée, elle aussi,
d'étudier le projet, trouva la réforme du Conseil d'Etat
insuffisante et demanda, par la voix de son rapporteur,
M. Emile Ollivier, de notables modifications. « La dis-
« tinction entre les coalitions frauduleuses et celles qui ne
« le sont pas, entre les coalitions paisibles et les coali-

« tions violentes est inadmissible. Qui jugera celles qui
« sont innocentes et celles qui sont coupables? Les tri-
« bunaux? Les voilà, alors, maîtres du droit de coalition.
« La loi reprend d'une main ce qu'elle donne de l'au-
« tre. Loin de m'en déclarer satisfait, je la combattrai
« de toutes mes forces ».

Ces paroles sincères et vibrantes du rapporteur devaient
émouvoir et convaincre l'Empereur lui-même (1).

La Commission ne se borna pas cependant à détruire,
elle réédifia ; elle comprit qu'il était impossible et dan-
gereux d'abroger purement et simplement les articles
punissant les coalitions car « c'était ouvrir une porte par
laquelle toutes les mauvaises passions s'efforceraient de
passer (2) ». Elle remplaça donc les articles du Code par
des dispositions frappant les atteintes portées à la liberté
du travail.

Sans doute, l'idéal, d'après M. Emile Ollivier lui-
même (3) eût été de ne permettre que les grèves justes et
d'interdire celles qui ne le sont pas. Mais, comment y
parvenir ? Réussît-on à établir un tribunal assez impartial,
assez éclairé pour citer à sa barre toute coalition et lui
demander de se justifier, comment pourrait-il apprécier
les raisons des ouvriers, si ce n'est en les confrontant
avec les patrons? Ceux-ci seraient alors obligés de révéler le secret de leurs affaires, d'offrir à la discussion leurs

---

(1) « Eh bien ! dit l'Empreur, cherchez à améliorer la loi en ce
sens. Je crois qu'en effet vous avez raison et qu'en matière économique il est impossible de biaiser et de s'arrêter à des termes
moyens. C'est là que la liberté est le meilleur remède». — (Darimon,
— *Le Vieux Parti*, p. 129).

(2) *Moniteur* de 1864, p. 574.

(3) *La loi des coalitions* (1864'. — Em. Ollivier; (Revue des Deux-
Mondes, juillet 1901).

prix de revient, leurs bénéfices, d'étaler leurs bilans sur
sur le marché, de raconter ce que les administrateurs
mêmes des compagnies anonymes n'expliquent pas à leurs
actionnaires; il n'y aurait plus ni secret commercial et
industriel, ni initiative, ni sécurité. « On ne conçoit pas
« de moyen terme entre interdire toutes les coalitions ou
« les permettre toutes, laissant à ceux qui les feront, le
« soin de discerner celles qui sont justes et celles qui ne
« le sont pas, et cela, à leurs risques et périls (1) ».

« Je proposais de les permettre toutes, ajoute le rap-
« porteur, à la condition toutefois que personne ne fut
« contraint par la violence ou par la fraude, d'y partici-
« per. Tolérer une coalition imposée de la sorte, équi-
« vaudrait à autoriser le vol avec effraction et escalade,
« car le travail est la première des propriétés, d'autant
« plus sacrée et inviolable qu'elle est la seule du pauvre.
« Obliger un ouvrier, malgré lui, à ne pas travailler, est
« encore plus criminel que de forcer un coffre-fort. Ainsi
« la liberté des coalitions, surtout quand elle aboutit à
« la grève, loin d'être un progrès serait la plus damna-
« ble des innovations, si elle n'avait pour contrepoids, la
« répression énergique de toute atteinte grave ou légère
« à la liberté du travail ».

Mais la coalition avait des adversaires nombreux, au
sein de l'Assemblée. La discussion fut particulièrement
vive et passionnée et, malgré l'intervention brillante d'orateurs tels que Jules Simon et Jules Favre, le projet de la
Commission fut voté par 222 voix contre 36.

D'après la nouvelle loi, le délit de coalition pacifique
et de grève disparaissait et les peines n'étaient mainte-

(1) Em. Ollivier. — *La loi des coalitions* (Revue des Deux-Mondes
1er juillet 1901).

nues que dans le but de protéger la liberté du travail, à laquelle il est, en effet, souvent porté atteinte, en temps de grève (1).

Pour la première fois, le principe de la cessation simultanée du travail, en vue d'obtenir un meilleur salaire, était proclamé comme une conséquence légitime de la liberté : le rapport du Conseil d'Etat et celui de M. Ollivier étaient unanimes sur ce point . « Désormais, « disait celui-ci, la coalition des patrons ou celle des « ouvriers est absolument libre, c'est le point de départ « de la loi ». Et il concluait, comme le Conseil d'Etat, par cette distinction : « Liberté absolue de la coalition « à tous les degrés, répression rigoureuse de la violence « et de la fraude ».

C'était justice ; et le rapporteur avait pris grand soin

---

(1) On distinguait deux sortes d'atteintes à la liberté punies d'une manière différente : l'atteinte à la liberté provenant de menaces et voies de faits et l'atteinte à la liberté provenant d'assemblées, damnations, etc.

« *Art. 414.* (Loi du 1ᵉʳ Mai 1864). — Sera puni d'un emprisonnement de six jours à trois ans et d'une amende de 16 fr. à 3.000 fr. ou de l'une de ces deux peines seulement, quiconque, à l'aide de violences, voies de faits, menaces ou manœuvres frauduleuses aura amené ou maintenu, tenté d'amener ou de maintenir une cessation, concertée de travail, dans le but de forcer la hausse ou la baisse des salaires, ou de porter atteinte au libre exercice de la liberté de l'industrie ou du travail ».

« *Art. 415.* — Lorsque les faits punis par l'article précédent auront été commis par suite d'un plan concerté, les coupables pourront être mis par le jugement ou l'arrêt sous la surveillance de la haute police, pendant deux ans au moins et cinq ans au plus ».

« *Art. 416.* — Seront punis d'un emprisonnement de six jours à trois mois et d'une amende de 16 fr. à 500 fr. ou de l'une de ces deux peines seulement, tous ouvriers, patrons et entrepreneurs d'ouvrages qui, à l'aide d'amendes, défenses, proscriptions, interdictions prononcées par suite d'un plan concerté, auront porté atteinte au libre exercice de l'industrie et du travail ».

d'élucider cette question, afin de fonder la jurisprudence et de bien délimiter le terrain du droit.

Néanmoins, quelques louables que fussent les intentions de ses auteurs, la législation nouvelle ne pouvait se considérer comme établissant un droit, en faveur des ouvriers, dont ceux-ci puissent profiter en toute sécurité. La rédaction des articles manquait de netteté, d'abord, et, ensuite, la loi avait un grave défaut, car on maintenait les dispositions antérieures de la législation prohibant les réunions. Or bien qu'on puisse, à la rigueur, se concerter par lettre, la réunion est le moyen normal et ordinaire auquel doivent naturellement avoir recours les ouvriers qui songent à s'entendre pour faire adopter par les patrons diverses conditions. Ils étaient donc réduits à demander à l'autorité administrative l'autorisation de se réunir, et cette autorisation, bien qu'on fût généralement disposé à l'accorder, pouvait toujours être refusée rigoureusement et de la manière la plus arbitraire.

Au Sénat où la loi soulevait de vives objections et où le Gouvernement était, en quelque sorte, obligé de s'excuser, le rapporteur insistait d'ailleurs sur ce point : « La loi maintient formellement les dispositions qui sou- « mettent à des formes déterminées les associations et « les réunions. N'est-ce pas une atténuation sérieuse au « danger qu'on a signalé » ? Sans doute, mais n'y avait-il pas un danger à faire porter ainsi à l'administration la responsabilité des grèves et n'était-ce pas précisément celui que la loi se proposait d'écarter ?

Dans l'ensemble donc, les dispositions nouvelles apportent une certaine aggravation aux peines de droit commun et même frappent, comme délits, certains faits que le droit commun n'atteint pas directement. Nous sommes loin de lui en faire un grief, car, autant nous sommes partisans du droit pour les ouvriers de faire grève, autant nous considérons comme nécessaire de protéger la liberté de ceux qui préfèrent la continuatio n du travail et de réprimer, avec une sévérité suffisante, des délits, qui revêtent presque toujours en raison des circonstances dans lesquelles ils se produisent et des conséquences qu'ils peuvent avoir, une gravité particulière.

*
* *

Il nous reste maintenant, après avoir étudié l'ensemble de la loi et les principes qui ont présidé à son élaboration, à dégager, de l'étude détaillée des articles, une idée plus précise et plus claire de la législation qui nous régit encore aujourd'hui, en matière de grève et de coalition industrielle.

Art. 414. — « Sera puni d'un emprisonnement de six jours à trois ans et d'une amende de 16 francs à 3.000 francs ou de l'une de ces deux peines seulement, quiconque, à l'aide de *manœuvres frauduleuses*, aura amené ou maintenu, tenté d'amener ou de maintenir une cessation concertée de travail, dans le but de forcer la hausse ou la baisse des salaires ou de porter atteinte au libre exercice de l'industrie et du travail ».

Aucun article du Code ne punissait et ne punit encore d'une manière générale les manœuvres frauduleuses. « Ce procédé, dit M. Crouzel, joint à diverses circons- « tances, peut constituer des délits spéciaux, par exem- « ple le délit d'escroquerie; mais, à défaut de ces con- « ditions, aucune disposition ne permet au juge de « prononcer une peine contre une manœuvre fraudu- « leuse ». L'art. 414 intervient donc utilement dans ce cas et frappe ces manœuvres frauduleuses de peines assez fortes lorsqu'elles ont pour effet de porter atteinte à la liberté du travail. Ce sont surtout les fausses nouvelles que le rapporteur considère comme devant caracté-riser les manœuvres frauduleuses en cette matière.

L'art. 414 punit encore, et de la même peine, les violences, voies de fait et menaces. Les violences et voies de fait ordinaires n'entraînant ni maladie, ni incapacité de travail sont bien punies par l'art. 311 du Code pénal mais elles le sont moins sévèrement que ne le porte l'art. 414 (1). Toutefois, s'il y a eu préméditation ou guet-apens, circonstances aggravantes, dont l'art. 414 ne parle pas, ces violences et voies de fait font encourir des peines plus graves, en vertu de l'art. 311, que celles de l'art. 414 (2).

Dans le cas où les violences et voies de fait qui se produisent en temps de grève dans le but prévu par cette disposition sont, en outre, accompagnées de la pré-méditation, il est clair que c'est l'art. 311, paragraphe II qui devra être appliqué par le juge. La circonstance que ces faits tendent à gêner le libre exercice de la liberté du travail ne saurait être une cause d'atténuation de la peine de droit commun.

Quant aux menaces, elles sont prévues et punies par les art. 305 à 308 et 436 du Code pénal, mais sous cer-taines conditions que l'art. 414 n'exige pas. Pour qu'il s'applique aux menaces, il suffit que, par ce moyen, le coupable ait « amené ou maintenu, tenté d'amener ou de maintenir une cessation concertée de travail, dans le but

(1) Dans ce cas, la peine comporte un emprisonnement de six jours à deux ans et une amende de 16 francs à 200 francs ou l'une de ces deux peines seulement.

(2) Dans le cas de préméditation ou guet-apens, la peine est de deux ans à cinq ans et l'amende de 50 à 500 francs.

de forcer la hausse ou la baisse des salaires ou de porter
atteinte au libre exercice de l'industrie et du travail » ;
il suffit, en un mot, que le coupable ait menacé d'une
action illicite, capable d'impressionner une personne
raisonnable.

C'est ainsi qu'avant la loi de 1884 sur les syndicats
professionnels, il a été jugé que le fait, par quelques ouvriers, d'avoir, avec les autres conditions prévues par
l'art. 414, menacé leurs camarades d'une interdiction de
travail, constituait le délit prévu par cet article.

L'art. 416 du Code pénal punissant en effet les interdictions, il s'ensuivait que la menace d'interdiction de travail était la menace d'un fait illicite. L'article 416 étant
abrogé aujourd'hui, la question ne se poserait plus de
la même manière.

Nous ne croyons pas inutile de constater pour terminer
avec cet art. 414, qu'il ne suppose aucune coalition: il
prévoit, au contraire, spécialement le fait individuel
d'avoir, à l'aide de violences, etc. amené ou maintenu, tenté d'amener ou de maintenir une cessation concertée de travail,

Art. 415. — Si ces violences avaient été commises
par suite d'un plan concerté, cette disposition ne serait
plus seule applicable et à la pénalité qu'elle porte pourrait s'ajouter celle de l'art. 415 sur lequel nous n'insiste-
rons pas, car il est assez clair pour rendre toute inter-
prétation inutile.

D'après ce qui vient d'être dit, nous voyons donc qu'il
n'est pas nécessaire que la hausse ou la baisse ait été for-
cée, qu'il ait été réellement porté atteinte à la liberté du
travail et de l'industrie ou que le travail ait été suspendu ;
il suffit qu'on ait tenté d'amener ces résultats ou simplement que les menaces aient eu pour but de produire,

au moyen de la grève, soit la hausse ou la baisse, soit toute autre atteinte à la liberté du travail.

Art. 416. — Il faut noter de plus que l'art. 414 ne punit pas toutes les atteintes à la liberté du travail au moyen de menaces, violences, etc. Il n'est applicable que si cette atteinte doit résulter d'une grève ou cessation concertée du travail provoquée par ces menaces ou ces violences. Quant aux menaces proférées ou aux violences accomplies par suite d'un plan concerté en vue d'amener, sans grève, la hausse ou la baisse ou toutes autres modifications aux conditions de travail, la disposition de l'art. 416, tant qu'elle n'était pas abrogée par la loi de 1884, aurait souvent permis de les atteindre, en les frappant, il est vrai, de peines plus légères. Elles auraient été punissables, à cause des défenses ou interdictions qu'elles impliquent ordinairement et que prévoit ledit art. 416.

Cet article, aujourd'hui abrogé, était ainsi conçu :
« Seront punis d'un emprisonnement de six jours à
« trois mois et d'une amende de 16 à 500 fr., ou de l'une
« de ces deux peines seulement, tous ouvriers, patrons
« et entrepreneurs d'ouvrages qui, à l'aide d'amendes,
« défenses, proscriptions, interdictions, prononcées par
« suite d'un plan concerté, auront porté atteinte au
« libre exercice de l'industrie et du travail. »

Par opposition à l'art. 414, qui punit les atteintes graves à la liberté du travail, l'art. 416 avait été présenté dans le rapport de M. Emile Ollivier, comme frappant certaines atteintes légères à cette liberté. Le plan concerté d'une part, l'atteinte réelle à la liberté du travail d'autre part, la tentative ne différant plus, semblaient en rendre l'application plus difficile. Cette disposition apportait cependant au droit de coalition de sérieuses entraves. Il serait difficile de le nier. Sans tourmenter les termes de l'art. 416, les juges auraient pu aisément, comme le soutenait Jules Favre, l'appliquer aux coalitions les plus innocentes.

L'abrogation de cet article, par la loi de 1884, a donc une importance capitale. Non seulement elle affranchit de toute peine le fait de mettre un établissement à l'index, d'interdire à d'autres ouvriers de travailler dans des conditions déterminées, de défendre à un patron l'admission de toute personne, tous actes que l'art. 416 avait pour mission de punir : mais encore elle limite le champ d'action de l'art. 414 lui-même (1).

Cette loi de 1884, laborieusement étudiée pendant plus

(1) Cette loi de 1864 n'était pas sans présenter de sérieux inconvénients. Ce qui le montre, ce sont les divers projets d'initiative privée élaborés au lendemain même de la promulgation de la loi.

Le plus important de ces projets est celui de la Société des Ingénieurs civils.

Nous devons à l'obligeance de M. A. Delaire, secrétaire-général de la *Réforme sociale* les renseignements qui suivent :

En 1872, la société des Ingénieurs civils, dans le but de combler les lacunes de cette loi des 25-27 mai 1864 et de calmer par là, la surexcitation qu'avaient fait naître, dans les esprits, plusieurs grèves récentes, se réunit pour essayer de refondre cette loi et y apporter les améliorations nécessaires. Elle reconnut aux travailleurs le droit de se concerter pour la discussion du prix et des conditions du travail.

Le sentiment de la Commission était que le régime normal de l'industrie était la parfaite union entre le patron et l'ouvrier et qu'il ne fallait rompre cette union qu'à la dernière limite. Elle adopta le principe de la tentative obligatoire de conciliation, au moyen d'un délai minimum de 15 jours accordé aux deux parties, pour faciliter leur entente mutuelle, en cas de désaccord. Le projet qu'elle élabora, une fois ces principes admis, n'eut même pas les honneurs de la discussion au Parlement.

de deux ans (1), nous intéresse, non seulement parce qu'elle a abrogé diverses règles que les ouvriers considé-raient, avec raison, comme des obstacles au libre exercice du droit de coalition, mais encore parce que les syndicats professionnels ayant, avec plusieurs autres objets, celui de protéger le métier et de maintenir le taux des salaires il nous semble logique de les considérer, ainsi que les Trades Unions anglaises, comme des coalitions perma-nentes.

Et d'abord, cette loi de 1884 abroge l'article 416 du Code pénal, comme nous venons de le dire. Maintenant, en effet, le fait de se concerter en vue d'une grève, n'est plus un délit et les amendes, défenses, interdictions pro-noncées par suite d'un plan concerté ont cessé d'être considérées comme des atteintes au libre exercice du travail et de l'industrie. La violence et la fraude restent, seules, punissables de l'emprisonnement et de l'amende (art. 414 et 415 du Code pénal).

La loi de 1884 admet ensuite, et ce point est de tous le plus important, le principe de la liberté complète pour les associations professionnelles. Cependant, bien que le législateur, nous dit-on (2), « fût pénétré de l'idée que l'association des individus, suivant leurs affinités profes-sionnelles est moins une arme de combat qu'un instrument de progrès matériel, moral et intellectuel », nous ne pou-vons nous défendre de manifester certaines inquiétudes. Les syndicats ouvriers, principalement, ont été longtemps

(1) C'est le 22 novembre 1880 que le Gouvernement, désireux de donner une existence légale aux associations illicites de patrons et d'ouvriers, déposa la loi qui a été promulguée le 21 mars 1884, après onze délibérations, tant à la Chambre qu'au Sénat.

(2) Voir la circulaire du Ministre de l'Intérieur, adressée aux Pré-fets, le 17 août 1884 pour suppléer au laconisme de la loi du 21 mars de la même année.

tolérés, avant d'être légaux et ces syndicats ont surtout dirigé leurs forces contre les patrons en vue d'organiser les grèves. De nombreux témoignages nous permettent de l'affirmer. M. Claudio Jannet, dans la Réforme sociale (1) et M. Bith, dans les Ouvriers des Deux-Mondes (2), pour ne citer que ceux-là, le reconnaissent et démontrent, par des chiffres, combien, malgré le petit nombre d'ouvriers qui prennent part à l'action de ces syndicats, tous pourtant subissent cette action qui, souvent, est une tyrannie destructive de la liberté du travail. Il est vrai que la loi de 1884 permet à tout membre d'un syndicat professionnel de se retirer, à tout instant, de l'association, mais ce texte est par trop insuffisant.

Des faits qui se renouvellent, à chaque instant, au cours de nos nombreuses grèves, nous ont permis de préjuger que, trop souvent, l'ouvrier n'est pas libre, du moins moralement. Les syndicats ouvriers ne s'occupent pas, en effet, uniquement des intérêts professionnels, économiques, industriels et commerciaux (3) qu'ils ont à défendre,

(1) Claudio Jannet: *Les Syndicats professionnels et la loi du 21 mars 1884.* — (Réforme sociale, 1er octobre 1885).

(2) Bith: (voir son article sur l'*État d'esprit des ouvriers à l'égard de l'institution des syndicats professionnels* dans les « Ouvriers des Deux-Mondes », page 259). — « Un fait certain c'est que la préoc-« cupation constante de ceux qui les dirigent est l'organisation de « la lutte contre le patron : ce sont eux qui décrètent les grèves et « les font exécuter par l'ouvrier. »

(3) Au sujet du rôle qu'ont joué les syndicats ouvriers, depuis que la loi leur a donné une existence légale et une capacité juridique, nous croyons devoir donner ici l'appréciation de M. André Liesse, l'éminent auteur de la *Question Sociale.*

« Quant aux syndicats, nous dit-il, ils n'ont pas toujours répon-« du aux espérances qu'ils avaient fait naître. Ils se sont surtout « occupés de fomenter des grèves et, entre les mains des groupes « révolutionnaires, ils sont devenus un véritable instrument de « combat dirigé contre les patrons. »

en vertu de la loi, et l'abrogation de l'art. 416 du Code pénal leur a permis à la fois d'être tyranniques pour les ouvriers qui veulent échapper à leur autorité et de provoquer la ruine des patrons qu'ils mettent en interdit.

L'état de ces questions était intéressant à établir et si l'on étudiait toutes les grèves, on trouverait certainement, par un examen attentif, qu'on aurait pu souvent les arrêter et, par conséquent, en éviter les terribles effets. Il eut fallu, pour cela, que le syndicat ouvrier, au lieu d'être une arme de combat, se bornât à n'être que ce qu'il devait être : un conseil de conciliation pénétré de ses devoirs qui eût réuni les patrons et les ouvriers et discuté contradictoirement leurs intérêts, mais cela, avant la guerre, c'est-à-dire, avant la cessation du travail, qui est un fait d'hostilité si grave qu'il s'oppose, surtout au moment où il se produit, à toute conciliation.

*
* *

Nous aurions voulu étendre ce chapitre en étudiant les lois diverses spéciales à ces matières, dans les différents pays industriels : l'Angleterre, l'Allemagne, les Etats-Unis, l'Autriche-Hongrie, l'Italie, l'Espagne et la Suisse. Cette étude n'eût pas été sans intérêt. Mais nous nous voyons, à notre grand regret, forcé d'abréger, par crainte de sortir des limites qui nous ont été tracées.

Nous nous contenterons donc de mentionner les différentes lois qui, à l'exemple de celle de 1791, ont proclamé, dans le monde, le principe de la liberté du travail, et, par voie de conséquence, celui de la liberté des coalitions.

La réforme qui entraînait l'abolition du moropole des

corporations était commandée par la force des choses, par l'avènement de la grande industrie (1), « par l'extention de la vie économique nationale se substituant à la localisation de l'activité économique dans le cercle de la commune ou de la seigneurie qui caractérisait l'ancien régime (2) ».

Mais dans beaucoup de pays, cette réforme n'a pas affecté le caractère radical que la Révolution lui a donné chez nous. Au lieu de détruire, de fond en comble, les corporations, sans savoir ce qui s'élèverait à leur place, l'Angleterre au xvii⁰ siècle, l'Autriche en 1859 et en 1870, l'Allemagne en 1869, les conservèrent en se contentant de leur enlever tout monopole (3). Par cette sage méthode la transition entre l'ancien régime du travail et le nouveau, s'effectua, dans ces pays, sans de trop violentes secousses.

(1) « C'est là un fait très grave, nous dit M. Lecour Grand- « maison, au point de vue politique et au point de vue social. La « substitution du travail collectif au travail individuel a changé com- « plètement les relations entre les employeurs et les employés ». — *Le mouvement corporatif en Europe.* — Ch. Lecour Grandmaison. — Revue des Deux-Mondes, 15 Février 1900.

(2) Claudio Jannet, article cité, *Réforme sociale*, 1ᵉʳ Octobre 1885.

(3) « La liberté du travail, est moins ancienne chez nos voisins « que chez nous, dit M. Crouzel. Elle a commencé en Prusse, en « 1810, mais n'y a atteint qu'en 1869, son parfait développement. « C'est la *Gewerbe Ordnung für den nordeutschen Bund* du 25 mars « de cette année 1869 qui a fait disparaître, en Prusse, comme dans « les divers Etats de l'Allemagne du Nord, les antiques corpora- « tions de métiers, les ghildes. En Angleterre où les corporations « n'eurent d'ailleurs jamais la même importance qu'en France et en « Allemagne, la liberté de l'industrie ne remonte pas au-delà de « 1814, date à laquelle fut abrogée la loi de 1652, relative aux ap- « prentis. L'année 1859 a été le point de départ d'une certaine liber- « té, mais non d'une liberté complète de l'industrie, pour l'Autri- « che ».

L'Angleterre cependant a été éprouvée plus qu'aucun autre pays, de 1820 à 1821. Elle a modifié constamment sa législation, les mesures de répression y ont été très dures; le désordre régnait partout, les industriels abusaient de leurs droits. C'est alors que le droit de coalition fut reconnu et la pénalité limitée. C'est à ce moment que les associations se formèrent et prirent de l'importance ; elles firent disparaître les règlements excessifs, mais n'amenèrent pas la paix, et l'histoire des grèves de 1825 à 1865 est lamentable. En devenant plus puissantes elles devinrent souvent criminelles, et des faits abominables se produisirent. Il fallait qu'une législation nouvelle celle de 1875, plaçant les ouvriers dans une situation identique à celle des chefs d'industrie, vint améliorer leurs rapports.

Aujourd'hui, les principes des Commissions de conciliation ont plus d'action encore. L'œuvre de MM. Kettle et Mundella, promoteurs de ces tribunaux officieux, rend les plus grands services : il s'agissait de rapprocher les hommes.

En Allemagne, la liberté du travail est consacrée depuis 1869. Les grèves n'ont jamais eu de caractère violent: des autorités spéciales règlent les différends sur le salaire. Le droit réciproque de coalition existe à la fois, pour les patrons et pour les ouvriers. Et quoique le socialisme révolutionnaire exerce, en Allemagne, une action indéniable, quoique le socialisme d'Etat soit aussi en faveur, tout paraît se faire sans agitation; on sent que l'Allemand est soldat, même à l'atelier.

Aujourd'hui donc, presque toutes les législations modernes, du moins celles des principaux pays industriels, reconnaissent le droit pour les patrons et pour les ouvriers de se coaliser et de faire grève et il semble que ce droit doive, désormais, être incontesté.

CHAPITRE II

Examen théorique des grèves et coalitions industrielles — Leur légitimité

Il s'agit maintenant de savoir quelle est la valeur économique de ce principe de liberté proclamé par la loi et quelle en est aussi, au point de vue rationnel, la légitimité.

Et d'abord, sous quelles formes se manifeste l'exercice de ce droit de coalition ?

« On peut définir la grève, d'après M. Crouzel, le refus par plusieurs personnes d'exécuter — c'est la grève des ouvriers, — ou de faire exécuter — c'est la grève des patrons, — le travail accoutumé, refus ayant pour but d'obtenir un avantage déterminé ». Un certain nombre d'ouvriers cessent-ils de travailler, afin de déterminer un patron à élever le taux de leurs salaires, à diminuer les heures de travail, etc... on dit que ces ouvriers se mettent en grève. Plusieurs patrons ferment-ils, à la fois, leurs établissements, pour obliger leurs ouvriers à accepter certaines conditions, on appelle cette expulsion en masse, une grève de patrons ou, pour employer le terme anglais admis couramment aujourd'hui, un lockout.

La grève et le lockout, telles sont, en effet, les formes qu'affectent journellement, nos grandes luttes industrielles, luttes d'un nouveau genre, non moins meurtrières que les batailles rangées des siècles passés et qui laissent après elles des ruines aussi irréparables. Toutefois, ces sortes d'ententes momentanées formées subitement en vue de la solution d'une difficulté et prenant fin avec elle ne sont pas les seules susceptibles d'exister. D'autres ont pris naissance, qui ne sont plus seulement passagères, mais permanentes : nous avons nommé les syndicats professionnels que leur caractère trop souvent combatif et inconciliant nous autorise à comprendre dans le cadre de notre étude.

De l'examen théorique de ces trois formes de manifestations du droit de coalition, de l'étude des avantages et des inconvénients qu'elles présentent, les unes et les autres, de leurs résultats et de leurs conséquences, nous allons essayer de tirer un jugement que nous nous efforcerons de rendre aussi impartial que possible et qui aura, tout au moins, le mérite d'être désintéressé.

Sous l'empire de toute constitution qui proclame la liberté du travail, chacun, semble-t-il, et c'est son droit — doit avoir la faculté de mettre au louage de ses services telles conditions qui lui plaisent et que l'autre partie consent à accepter. Il peut, si ces conditions sont rejetées, refuser de contracter et aller offrir ailleurs son travail ou bien travailler pour son propre compte, ou bien enfin ne pas travailler du tout. Cette suspension individuelle du travail ne présente donc rien, en soi, d'illicite ni d'illégitime. En sera-t-il autrement de la suspension collective et combinée ? Sous quel prétexte cette suspension peut-elle être condamnée ?

« Son but, d'abord, est moralement et socialement

« irréprochable ». Les ouvriers qui se concertent et menacent de vider l'atelier, si leurs conditions sont rejetées ou même se retirent collectivement, ne se proposent pas autre chose que l'amélioration de leur position.

Le moyen lui-même, c'est-à-dire la suspension du travail, n'est que l'exercice du droit qui appartient à chacun de louer ou non ses services, de travailler ou de chômer, pourvu, d'ailleurs, qu'il soit libre de tout engagement et, par conséquent, ce moyen n'est pas moins irréprochable que le but à atteindre.

Est-ce le concert intervenu entre les grévistes ? Est-ce leur association passagère ou durable qui va donner à la grève ou à la tentative de grève un caractère délictueux ? Une entente entre plusieurs personnes peut bien recevoir un caractère délictueux du but que ces personnes se proposent, ou des moyens qu'elles doivent employer ; mais, comment pourrait-elle, elle-même, imprimer ce caractère à l'acte, d'ailleurs licite, en vue duquel elle intervient ?

Tout ce qu'on pourrait dire, c'est que cet accord entre les ouvriers ou entre les patrons, la coalition, en un mot, constitue un délit. Mais c'est alors le droit d'association qui est lui-même contesté. Or, quoique la liberté de s'associer inspire encore à presque tous les gouvernements des craintes excessives, nous pensons fermement qu'elle constitue une liberté nécessaire, une liberté sans laquelle les autres sont nécessairement imparfaites et insuffisamment garanties. Ajoutons que, s'il était exact que la liberté de s'associer dût, en règle générale, être refusée aux citoyens, des raisons impérieuses devraient, au moins, la faire reconnaître aux ouvriers et aux patrons lorsqu'il s'agit de la protection de leurs intérêts communs et dans la mesure nécessaire à cette protection ; des raisons d'importance capitale devraient leur faire concéder le droit de s'associer au moins d'une manière passagère et de se coaliser. Tout ce qui peut, en effet, assurer à chacune des parties contractantes l'indépendance de son consentement doit être vu avec faveur.

Il ne faut pas oublier, d'ailleurs, que le droit qu'ont les ouvriers de se mettre en grève, a pour corollaire le droit des patrons de se coaliser à leur tour, pour repousser les prétentions des ouvriers coalisés et de prononcer le lockout, plutôt que d'accepter des réclamations qui leur paraissent attentatoires à la liberté et ruineuses pour l'industrie.

Cette cessation de travail concertée entre salariés, en vue d'obtenir soit une amélioration de leur condition matérielle, soit le redressement d'une atteinte qu'ils estiment portée à leur dignité, cette liberté de se concerter, en vue d'un but licite, le chômage volontaire, ne peut donc être limitée que par l'intérêt public ou les droits de la liberté d'autrui.

La puissance publique doit intervenir, en certains cas, pour sauvegarder l'une et l'autre; mais, en principe, le droit de coalition est aujourd'hui reconnu à l'ouvrier et au patron comme une garantie nécessaire de leur dignité d'homme et de leur liberté économique.

« S'il n'existait pas, nous dit M. Arthur Fontaine, le sentiment général d'équité obligerait l'Etat à se charger du rôle de grand patron, à protéger l'ouvrier par des règlements d'embauchage, des tarifs officiels de salaire, toute une législation protectrice ou répressive (1) ».

En cette époque de difficile évolution, la nécessité de

(1) Arthur Fontaine. — *Les grèves et la conciliation* (Questions du temps présent).

ce droit s'impose donc, chaque jour, d'une manière plus évidente, et sa légitimité ne peut plus être mise en doute.

Chacun sent bien, en effet, aujourd'hui, à quel point ont été modifiés, depuis cent ans, les rapports entre ouvriers et patrons; à mesure que la nature et l'importance du rôle joué par les chefs, les ont séparés forcément davantage de leurs nombreux auxiliaires, les rapports d'homme à homme sont devenus moins fréquents et la confiance moins facile; sous la poussée de la concurrence les portes des fabriques se sont ouvertes, plus grandes, à la main-d'œuvre à bon marché, aux femmes, aux filles et aux enfants.

Une situation nouvelle et délicate est née, qui a porté atteinte au foyer familial où la résignation des ancêtres goûtait le bonheur d'une vie calme et a relâché les liens de solidarité et de traditionnelle confiance qui unissaient le patron à l'ouvrier. Le développement des œuvres charitables, œuvres accessoires du patronage n'a pas suffi à neutraliser les effets de ces fâcheuses circonstances, et partout où l'évolution économique a placé le patron dans l'impossibilité de remplir son rôle principal qui est d'assurer, par sa prévoyance, un courant régulier de travail, les ouvriers déçus et obligés d'assurer autrement leur pain quotidien ont cherché un patronage complémentaire. Après bien des tâtonnements et des recours plus ou moins heureux à des influences étrangères, c'est dans l'association, dans la coalition, qu'ils ont trouvé le supplément de patronage qui leur faisait défaut. Et la raison, c'est encore M. Arthur Fontaine qui nous la donne.

« Supposons, nous dit-il, l'ouvrier isolé. La valeur, la « spécialité professionnelle lui étant de moins en moins « indispensable au service des machines, il est de plus

« en plus, une simple unité dont le départ ne cause au-
« cun préjudice, aucun arrêt à la grande usine. Au con-
« traire pour lui le départ est suivi d'un chômage qui
« peut être long et même entraîner assez fréquemment
« l'obligation de changer de domicile avec sa famille ;
« c'est un grave dommage. Pour rétablir l'équilibre, il
« appelle à l'aide ses compagnons de travail, il les ad-
« jure de quitter l'atelier avec lui : tous les travailleurs
« de l'usine contre tout le capital de l'usine. Sans cela,
« l'égalité n'existe pas, ne peut pas exister (1) ».

L'objectif immédiat de la coalition des travailleurs a
donc été de maintenir cette égalité, d'empêcher que la
condition de l'ouvrier dépendît trop étroitement de la
justice du patron, alors qu'on ne saurait présumer que
celui-ci, talonné par la concurrence, puisse être, toujours
et partout, juste.

Le chef d'industrie, de nos jours, n'ayant ou peu s'en
faut, plus de points de contact avec l'ouvrier, ne peut
plus comprendre toutes ses aspirations et, quant à celui-
ci, c'est à peine s'il se rend vaguement compte de la
fonction que remplit son patron ; si bien que, lorsqu'il
voit contester l'utilité de cette fonction, lorsqu'il entend
traiter le capitaliste de rouage parasite, il se trouve dans
l'impossibilité de réfuter cette opinion parce qu'il ne
pourrait pas expliquer le fonctionnement de ce rouage.

D'autre part, l'ouvrier de la grande usine ne connais-
sant pas plus son patron que celui-ci ne le connaît lui-
même, en est arrivé à n'être qu'un numéro que d'autres
unités sont prêtes à remplacer ; s'il abandonne l'usine,
l'usine n'en va pas moins, de sa marche régulière et ja-

____

(1) A. Fontaine. *op. cit.* — page 11.

mais interrompue. « L'armée de réserve du salariat à vite
« comblé ce vide (1) ».

Il ne peut se produire de perturbation que si la machi-
ne entière s'arrête tout à coup. Un arrêt brusque de tout
ce machinisme si complet et si lié « que les muscles des
« hommes semblent se fondre avec l'acier des bielles »
peut, seul, occasionner des désordres graves. C'est de
cette menace qu'useront les ouvriers pour obtenir l'augmentation des salaires ou les autres améliorations qu'ils
désirent. La coalition de leurs forces d'inertie est le seul
moyen qu'ils auront d'imposer leurs conditions aux chefs
d'industrie.

La grande industrie a donc poussé les ouvriers vers
l'union et la solidarité : elle leur a imposé l'entente pour
la défense de leurs intérêts communs.

Est-ce là un mal si terrible qu'on veut bien le dire ?
et doit-on regretter de voir se dresser, en face de l'autorité du capital qui tous les jours s'accroît et devient
tous les jours, — c'est là son défaut, — plus impersonn-
elle et invisible, cette autre force non moins puissante
du travail. Solidaires du progrès, n'oublions pas que
nous ne devons, par aucun moyen, essayer d'entraver sa
marche ; et, si quelquefois, celle-ci semble hésitante et
incertaine, soyons assez clairvoyants pour savoir qu'à
chacun de nous incombe le devoir de la rassurer et de
l'aider à reprendre son élan jamais interrompu vers
l'avenir. « Sachons que le travail est le collaborateur du
« capital : mais c'est un collaborateur qui ne saurait être,
« sans injustice ou sans imprudence, traité en mineur ;
« et, quand il vient déjouer, par de brusques coups de

____

(1) Léon de Seilhac. — *Le syndical ouvrier, instrument de pacifica-
tion* — (Science sociale. — Décembre 1899).

« tête, les opérations commerciales les mieux conçues, si
« l'on n'a rien fait pour l'initier aux difficultés de l'en-
« treprise, on est mal venu à lui reprocher son ignorance
« de la situation (1) ».

Il y eut cependant un temps en France où les patrons
restaient ouvriers, et les ouvriers, apprentis et compagnons devenaient patrons, en restant des travailleurs.
Alors, le capital industriel et le travail étaient réunis ; le
capital était modeste et toujours borné en son progrès
même, le travail modéré et consciencieux. Vie commune,
mêmes mœurs et un idéal unique pour tous. Cet âge a
connu des classes violemment despotiques et des classes
horriblement opprimées, mais le travail n'en formait
qu'une. « C'était une même société, un même monde ».

Les conditions de la vie moderne, le développement
de l'industrie mécanique, l'étendue des relations commerciales avec les peuples les plus éloignés, et les capitaux
nombreux, les puissantes facultés d'organisation et d'administration devenues indispensables à la pratique jour-
nalière de cette industrie et de ce commerce, tout a
contribué à rendre le passage de l'état d'ouvrier à l'état
de patron, de plus en plus difficile, pour ne pas dire
impossible.

Mais aussi, le lien qui unissait le patronat au salariat
a-t-il été rompu, et, qu'on le veuille ou non, deux classes se sont formées ; deux classes, bien distinctes, ayant,
chacune, leurs mœurs, leurs préjugés et leur politique ;
deux classes qui peuvent s'entendre et dont les intérêts
ne sont pas nécessairement opposés, mais qui ont, trop

---

(1) Extrait de l'*Exposé des Motifs du projet de loi*, sur le règlement
amiable des différends relatifs aux conditions du travail.
(Annexe au procès-verbal de la séance du 15 novembre 1900).

souvent, le tort de croire que ce que l'une arrache à l'autre est une victoire dont elle doive se glorifier.

Alors, au lieu de l'unité du travail, on a ce que nous voyons tous les jours : la guerre civile du travail et l'anarchie industrielle.

CHAPITRE III

Résultats des grèves et coalitions industrielles d'après leurs avantages et leurs inconvénients

Sont-ce là tous les résultats de la légitimité des grèves et cette légitimité a-t-elle seulement eu pour effet l'aggravation de l'antagonisme du capital et du travail qui semble être passé, aujourd'hui, à l'état aigu ?

« Lors même que la liberté n'aurait d'autre effet que « de soustraire les ouvriers à une oppression injuste et de « permettre aux patrons de repousser collectivement les « revendications souvent excessives et inopportunes dès « ouvriers, la cause de la liberté serait définitivement « gagnée (1) ».

Ces paroles que nous devons à la plume d'un économiste distingué dont nous avons eu à déplorer la perte, il y a quelques mois, semblent bien être la note vraie, le juste milieu des appréciations nombreuses et diverses auxquelles la légitimité du droit de coalition a donné lieu depuis longtemps déjà.

(1) Georges Michel. — Cit. tirée d'articles publiés dans le *Nouveau dictionnaire d'Économie politique* de MM. Léon Say et Joseph Chailley.

.C'est ce que nous nous proposons de voir, en recher-
chant les avantages et les inconvénients que présente
l'exercice de ce droit de coalition.

Malgré l'évidence et la nécessité du droit de grève, en
dépit des garanties immédiates d'indépendance et de progrès qu'a pu y trouver la classe ouvrière, les citoyens
les meilleurs, d'accords avec le sentiment presque unanime
de la nation, pensent que la multiplicité des grèves est un
mal et un mal dont les progrès deviennent inquiétants.
Mal moral, d'abord ; car, alors que le progrès moral, auquel
doit seulement servir de soutien le progrès matériel, serait
caractérisé par une croissante harmonie entre les individus de plus en plus libres, c'est avec regret que nous
voyons grandir l'antagonisme entre patrons et ouvriers,
et se propager cette haine de classe, ici, dans des populations aveuglées et irritées par les souffrances d'une
longue grève, là, dans les groupes, trop souvent agités
par l'ardeur de la lutte, par les prédications enflammées
auxquelles elle sert aisément de prétexte. Et nous sommes
amenés à faire cette constatation fâcheuse, c'est que, trop
souvent, la grève n'est que le prétexte sous le couvert
duquel se cachent des ambitions, des appétits divers,
nettement étrangers au contrat de travail ou aux conditions de vie de l'ouvrier ; ambitions et appétits inavoua-
bles, qui portent atteinte en principe à la liberté et à la
dignité personnelle du patron.

« Les patrons français, au moment des grèves, se
« trouvent en présence de syndicats improvisés, de syn-
« dicats de combat composés non des travailleurs les plus
« sérieux et les plus posés, mais de jeunes militants chez
« qui l'ardeur des convictions supplée à l'expérience.
« Endoctrinés par les employés révoqués, les cabaretiers,

« les journalistes, les futurs candidats aux élections, qui,
« tous, vivent en marge du monde du travail, ils pren-
« nent aussitôt une attitude comminatoire (1) »,

Cette peinture, malheureusement trop exacte de la situation déplorable dans laquelle se trouvent fréquemment
les patrons à l'égard des exigences de leurs ouvriers, ne
laisse évidemment aucun doute sur l'issue stérile des
grèves de ce genre, car « l'autorité des chefs de syndicats
« sur leurs camarades est si précaire que s'ils acquièrent
« le sens de la responsabilité, un peu de cet esprit politi-
« que qui naît, d'ordinaire, de l'exercice du pouvoir, ils
« deviennent suspects de modérantisme et se voient
« aussitôt dépassés et débordés. Comme, d'autre part, ils
« n'ont pas de ressources pour prolonger la résistance,
« les patrons n'ont aucun intérêt à entrer en pourparlers
« avec eux (2) ».

« Evidemment, comme le dit encore et très justement
« M. Bourdeau, l'apprentissage de la liberté ne se fait
« pas en un jour et la violence naît de la pauvreté et de
« la faiblesse ».

Il ne faudrait pas oublier cependant que l'abondance
et la confiance des capitaux sont la première des conditions sur lesquelles se fonde la grande industrie et que
cette condition ne sera réalisée qu'autant qu'une sécurité
suffisante sera assurée à ces capitaux et leur permettra de
poursuivre, sans crainte, le développement de leurs
entreprises.

L'ignorance des conditions industrielles, l'indifférence
méprisante vis-à-vis des faits, voilà donc ce qu'il faudrait,
avant tout, dissiper chez les ouvriers, au lieu d'exciter
démesurément leurs convoitises, sans pouvoir les satisfaire.

<hr>

(1) J. Bourdeau, *Evolution du socialisme*, p. 244.
(2) J. Bourdeau, *op. cit.*, p. 244.

Ces inconvénients moraux des grèves, puisque c'est ainsi que nous les avons appelés, ne sont pas les seuls qu'elles présentent. D'autres, plus immédiats et plus positifs, matériels ceux-là, se manifestent souvent, en effet, pour ne pas dire toujours, au moment des grèves, et jettent non plus seulement le désarroi dans les esprits, la haine dans les cœurs, mais encore la ruine à l'atelier, la misère au foyer.

Ces inconvénients qui, pendant longtemps, ont rendu l'ouvrier réfractaire à toute idée de grève, semblent avoir perdu à ses yeux leur importance d'autrefois. Ils n'en sont cependant ni moins évidents, ni moins désastreux dans leurs résultats.

Nous nous contenterons de les exposer en quelques mots : 1° atteinte à la liberté des conventions et à la liberté du travail ; 2° ruine des entrepreneurs ; 3° ruine des ouvriers eux-mêmes ; 4° ruine de l'industrie nationale ; 5° troubles de toute espèce à l'ordre public.

1° Atteintes à la liberté des conventions et à la liberté du travail. — Le fait, par les coalisés de rompre brusquement leur contrat de travail, sans avis préalable, (ce qui se produit dans la plupart des grèves), le fait également, par les grévistes, de forcer, au moyen de menaces ou de violences, certains de leurs camarades à entrer, malgré eux, dans la coalition, justifie amplement cette première et double critique. « Les coalitions, disait O. Connell, « ont établi un despotisme incroyable sur l'ensemble des « ouvriers. Il n'en est pas de plus dur et de plus dégra- « dant que celui exercé par une partie des ouvriers sur « l'autre : aucun gouvernement absolu ne fournit l'exem- « ple d'une pareille sujétion. Si le czar Pierre ou le « sultan Mahmoud avaient ainsi abusé de leur puissance, « ils auraient été détrônés ».

2° *Ruine des entrepreneurs.* — Si la grève des ouvriers se prolonge, les capitaux restent oisifs ; or, le capitaliste a un besoin aussi urgent de ses intérêts que l'ouvrier de son salaire. Pour lui, un capital qui ne rapporte rien est mort. Il ne pourra faire honneur à ses engagements et ce sera la faillite, résultat inévitable et parfaitement prévu dans le passage suivant de l'organe des Trade-Unions d'Écosse, *Le Libérateur.* Ce passage nous paraît trop curieux pour n'être pas reproduit ici ; ajoutons, en pas·sant, qu'il fut écrit en 1834 : « Il n'y aura point d'insur-
« rection, mais simplement une résistance passive. Les
« hommes peuvent se reposer. Il n'est point, il ne saurait
« y avoir de loi qui les oblige à travailler contre leur
« gré. Ils peuvent se promener, les bras croisés, par les
« rues et par les champs ; ils ne porteront ni épées, ni
« fusils ; ils ne réuniront aucun parc d'artillerie et ne
« s'empareront d'aucune place forte. Ils ne se présente·
« ront point, en colonne, pour être attaqués par une
« armée, ni en attroupement, pour être dispersés en vertu
« de l'acte de rebellion. Ils s'abstiendront simplement,
« quand le fonds commun sera suffisant, de travailler, pen·
« dant une semaine ou un mois, dans les trois royaumes.
« Et quelle en est aussitôt la conséquence ? Les lettres de
« change sont protestées, la gazette regorge de déclara·
« tions de faillites, le capital est détruit, le revenu baisse,
« le système du gouvernement tombe dans le désordre.
« Chaque anneau de la chaîne, qui relie entre eux les
« membres de la société, est brisé en un moment par
« cette conspiration du pauvre contre le riche ».

Et, sans aller si loin, nous sommes bien obligés d'ad·mettre que le chômage, résultant du fait de la grève, est destructeur de richesses et qu'un patron, ayant subi ce dommage plus ou moins grand, selon la plus ou moins longue durée de la grève, ne se trouvera plus en état de donner des salaires aussi élevés après qu'avant. S'il arrivait cependant — ce qui se voit aussi — que les ouvriers d'un même groupe d'industrie eussent gain de cause et que la grève eût pour résultat une hausse de salaire, un fait se produirait inévitablement : il en résulterait pour les patrons une augmentation des prix, une plus grande cherté des produits. Si tous peuvent supporter cette situation sans fléchir, c'est qu'on se trouve en présence d'une industrie où tout le monde, sans exception, gagne beaucoup. Que se serait-il passé, sans la grève ? Il y aurait eu, peu à peu, une concurrence effrenée dans cette industrie où tout le monde faisait fortune ; concurrence nécessitant une plus grande demande d'ouvriers : le taux des salaires, en vertu de la loi de l'offre et de la demande, se serait donc élevé sans la grève.

Mais supposons, au contraire, l'industrie dans une situation normale. Quelle va être la conséquence de la hausse des salaires ? Dans ce cas, aucune attraction considérable d'ouvriers n'ayant lieu, la demande d'ouvriers restant elle-même dans une situation normale, il n'y aurait pas eu de hausse sans la grève. La grève va donc augmenter, pour tous, les frais généraux, et les patrons, qui étaient à la limite de la perte, tomberont nécessairement ; d'où il s'ensuit que la grève entraînant la chute, la disparition de certains industriels qui renvoient leurs ouvriers, ceux-ci, sans emploi, sollicitent du travail dans celles qui sont restées debout, et par cette offre plus grande de travail font, de nouveau, baisser les salaires.

Il n'y a donc qu'une circonstance dans laquelle la grève produit des effets durables, c'est lorsqu'elle a lieu dans une industrie où chacun fait des bénéfices énormes, et dans laquelle la concurrence ne peut s'exercer que difficilement. Quand la grève n'a eu d'autre effet que de hâter une hausse qui se serait produite sans elle, elle rend cette hausse moins forte que si elle avait été spontanée ; car, pendant tout le temps qu'à duré la grève, patrons et ouvriers ont vécu, ils ont fait des frais : les ouvriers ont consommé leurs avances, quand ils en ont, ou se sont endettés, quand ils n'en ont pas, les patrons ont vu se perdre leurs frais généraux, sans compensation. Ils se trouvent nécessairement moins en situation de payer beaucoup. Les ouvriers, eux aussi, pressés qu'ils sont par la nécessité d'avoir du travail et de vivre, diminuent peu à peu leurs exigences.

La grève est donc bien une destruction du capital. Quand elle est terminée, il est impossible de prélever des salaires aussi forts sur un capital amoindri.

3° Ruine des ouvriers. — Un autre inconvénient, conséquence naturelle du précédent, c'est la misère, ou, du moins, la gêne prolongée à laquelle se trouvent réduits un grand nombre d'ouvriers ; inconvénient qui commence à faire réfléchir les masses et à leur donner une idée moins haute de l'efficacité de l'arme dangereuse qu'on leur a mise entre les mains.

Nous ne croyons pas inutile de transcrire, à ce propos, les opinions émises, par les chefs les plus autorisés du parti socialiste, sur l'efficacité des grèves au point de vue de l'amélioration du sort de l'ouvrier.

Les militants, d'abord, considèrent la grève, moins comme un moyen d'améliorer les conditions du travail professionnel, que comme une arme révolutionnaire. Ils ne se dissimulent pas qu'elle ne peut conduire à l'affranchissement des classes laborieuses, parce qu'elle ne touche pas au principe du salariat. Selon le mot de M. Guesde (1),

(1) Jules Guesde. — *Les services publics et le Socialisme*, p. 28.

« la grève n'est que la petite guerre : c'est un excellent
« champ de manœuvres ».

De l'avis d'autres socialistes, les grèves partielles n'ont
même pas cet avantage et toutes doivent être condamnées,
au moins celles qui n'ont pas une importance suffisante
pour émouvoir l'opinion. Les paroles de M. Pelloutier
que l'importance de sa situation, à la tête du parti ouvrier
empêche de suspecter, sont significatives : « Entre nous,
« dit-il, vous savez bien que toutes les grèves sont funes-
« tes. Celles qui échouent, inutile de dire pourquoi, —
« celles qui réussissent, pour deux raisons : la première,
« c'est que, sauf le cas très rare où la nécessité de livrer
« des commandes pressées oblige le patron à céder
« immédiatement, *l'augmentation des salaires obtenue ne*
« *suffira jamais à couvrir les sacrifices faits pour elle.* La
« seconde, c'est que, même après une grève heureuse,
« les ouvriers sont si dégoûtés du mince résultat obtenu,
« que, pendant longtemps, il ne faut plus compter sur
« eux pour aider au mouvement révolutionnaire. Beau
« résultat (1) » !

M. Allemane constate, à son tour, que malgré la quan-
tité innombrable de grèves qui ont eu lieu, pendant ces
dernières années, le résultat obtenu est peu de chose.
C'est ainsi que la grève générale, dit-il, est venue « solli-
« citer l'attention des militants du prolétariat, désireux
« d'en finir avec la tyrannie capitaliste et avec les amu-
« settes des politiciens (2) ».

(1) *Qu'est-ce que la grève générale ? Leçon faite par un ouvrier,
aux docteurs du socialisme,* par H. Girard et Fernand Pelloutier.

(2) J. Allemane. — *Pour la Révolution Sociale.* Article publié dans
un numéro gratuit de *la Grève Générale,* organe du Comité d'organisation, décembre 1895. (Siège social : Bourse du Travail, 80, rue
de Bondy, Paris).

Il serait à désirer que l'ouvrier se rendît un peu mieux compte des intentions dont sont animés, à son égard, la plupart de ces « commis-voyageurs » en grèves, beaux parleurs, mais si peu convaincus ; il serait désirable que, comparant les résultats aux sacrifices, ils arrivent à établir une distinction judicieuse entre la grève organisée et réfléchie, savamment préparée, reposant sur des ressources abondantes qui permettent de lutter longtemps, et la grève anarchique qui éclate, un beau jour, sans crier gare, sans motifs suffisants et sans caisse bien pourvue, fatalement vouée à l'échec le plus lamentable. Ajoutez que les ouvriers s'entêtent dans une lutte sans issue, croyant que la ténacité peut suppléer à l'organisation.

4° Ruine de l'Industrie nationale. — C'est là, une conséquence inséparable de la ruine des industries particulières, et ce reproche que nous croyons pouvoir faire aux grèves, sans crainte d'être taxé de chauvinisme, nous paraît être d'une importance capitale et bien fait pour émouvoir l'attention des pouvoirs publics. La situation difficile que traverse l'industrie française, la crise financière et économique dont nous souffrons actuellement, le justifient sans qu'il soit utile d'insister davantage. Disons encore que c'est aux coalitions que O' Connell attribuait, à une époque déjà lointaine, en 1838, la perte de l'industrie irlandaise.

Nous nous ferons cependant un devoir de mentionner, ici, l'opinion de M. Arthur Fontaine, à ce sujet, quoiqu'elle apporte, nous semble-t-il, une atténuation par trop sensible au reproche mentionné ci-dessus. « Si la « grève, nous dit-il, peut détourner vers l'étranger des « commandes destinées à l'industrie nationale, c'est à « charge de revanche. Aujourd'hui, le chômage du Nord « ou du Pas-de-Calais fait entrer en France des charbons

« belges, allemands ou anglais. Demain, la Westphalie
« ou le Midland ou le Borinage cesseront l'extraction et
« nos houillères en profiteront à leur tour.

« Donc les grèves, si fréquentes soient-elles, ne sont
« point, actuellement, une cause grave de souffrance
« matérielle pour l'ensemble de notre pays ni pour la
« masse de ses ouvriers ».

Il serait désirable de voir cet optimisme se justifier par
les faits. Il n'en est malheureusement pas ainsi ; la situation présente le prouve amplement.

5° Troubles de toute espèce à l'ordre public. — Il serait trop
long de citer, ici, tous les exemples ; il suffit de réfléchir
au résultat immédiat des coalitions, qui jettent sur le
pavé des milliers d'ouvriers oisifs, en proie à toutes les
passions, quelquefois au désespoir, à la faim et à la merci
du premier agitateur.

« Que leurs ligues, dit Adam Smith, en parlant des
« grèves d'ouvriers, soient offensives ou défensives, elles
« sont toujours accompagnées d'une grande rumeur. Dans
« le dessein d'amener l'affaire à une prompte décision, ils
« ont toujours recours aux clameurs les plus emportées
« et, quelquefois, ils se portent à la violence et aux der-
« niers excès. Ils sont désespérés et agissent avec l'extra-
« vagance et la fureur de gens au désespoir, réduits à
« l'alternative de mourir de faim ou d'arracher à leurs
« maîtres, par la terreur, la plus prompte condescendance
« à leurs demandes (1) ».

Il est, par malheur, trop certain cependant que les
ouvriers ne sont presque jamais arrivés à l'amélioration
de leur sort que par la grève. Dans les statistiques officielles, on en note à peine un tiers qui aient abouti à des

---

(1) Adam Smith. — *Essais sur les causes de la Richesse des Nations.*

résultats immédiatement favorables aux ouvriers ; mais, d'une façon générale et plus haute, il est visible que le progrès des classes ouvrières ne s'est accompli que par une lutte incessante.

L'augmentation des salaires, la diminution des heures de travail et l'acquisition de nouvelles garanties matérielles et morales sont en rapport direct avec l'agitation qui s'est produite dans les sphères ouvrières depuis vingt-cinq ans.

Et si les classes ouvrières restent, en genéral, fermement attachées à la défense du droit de grève, c'est que ceux qui en ont fait l'expérience sont d'autant moins disposés à y renoncer que la liberté du siècle, la rapidité des communications, le développement de la publicité et de la presse ont donné à leurs grèves un retentissement prodigieux. Les grévistes des divers métiers ont senti, entre eux, une émulation singulière, témoignant ainsi que ce droit de grève ne leur a pas apporté que des mécomptes.

Les grèves, il faut le reconnaître, produisent des effets bienfaisants, en tant qu'elles provoquent l'augmentation des salaires, qu'elles empêchent ainsi le travail de se détériorer, de s'avilir. Elles fixent les prix de manière à obtenir un maximum de bien-être ; et, si la conservation, l'élévation des classes ouvrières, intéressent l'humanité au premier chef, cette conservation et cette élévation ne présentent pas moins d'importance au point de vue de la productivité. Ce qui ne signifie pas, sans doute, que toutes les réclamations relatives au contrat de travail apparaissent comme justes, mais simplement qu'elles sont d'un ordre sur lequel la discussion peut être admise, sur lequel, tout au moins, des explications doivent être données entre parties contractantes.

Les temps sont passés où l'exercice de ce droit de coalition semblait devoir être nécessairement accompagné de violences et d'illégalités et devoir tourner toujours au détriment des ouvriers qui avaient recours à ce moyen extrême.

Il est incontestable que, pendant une longue période, les grèves, mal combinées et pour la plupart tumultueuses, n'ont abouti, pour les ouvriers, qu'à une série de douloureuses déceptions. Partout les résultats avaient été les mêmes, presque invariablement : ou les ouvriers avaient été forcés de rentrer à l'atelier, après des chômages plus ou moins longs et cela aux conditions que leur offraient les maîtres, ou ils avaient amoindri certaines branches de l'industrie et, par conséquent, tari une des sources de leurs profits ; ou enfin, ils avaient subi l'action des lois répressives pour avoir troublé l'ordre, attaqué les personnes ou détruit les propriétés. Aujourd'hui, il n'en est plus nécessairement ainsi et l'histoire des dernières grèves prouve que, quand les ouvriers se coalisent pour une cause juste, quand ils formulent résolument mais pacifiquement des revendications légitimes, c'est-à-dire des revendications auxquelles l'état du marché permet de faire droit, ils obtiennent presque toujours gain de cause, au moins sur quelques points.

Au début de la liberté du travail, alors que l'ouvrier isolé était sans force pour faire valoir ses revendications et que la loi réprimait sévèrement toute tentative d'entente de la part des ouvriers d'une même profession, on conçoit facilement l'allure inquiétante et désordonnée que pouvaient, en effet, prendre les grèves. Entre le monde des patrons et celui des travailleurs, aucune explication n'étant échangée, les malentendus s'accentuaient, les esprits s'aigrissaient, et des deux côtés on en venait aux moyens extrêmes. A l'heure actuelle, grâce aux progrès de la législation qui a enfin reconnu aux ouvriers, comme nous l'avons vu précédemment, le droit de s'occuper en commun de leurs intérêts professionnels, grâce aussi à la pratique de la liberté, les grèves, sauf de rares exceptions, ont pris une' allure plus pacifique (1). Ce n'est plus en vociférant dans les rues et en brisant les vitres des usines que les ouvriers font valoir leurs revendications, ils ont renoncé à ces moyens plus bruyants qu'efficaces qui tournaient invariablement contre eux. Aujourd'hui, ce sont leurs délégués ou les représentants des syndicats qui sont chargés de soumettre aux patrons les réclamations relatives à la diminution des heures de travail ou à l'augmentation des salaires. On parlemente, et, souvent — pas encore assez souvent, selon nos désirs — l'entente se fait, sans que le travail ait été interrompu. « Jadis, on se battait avant de « s'expliquer ; aujourd'hui, on s'explique avant de se « battre ». N'est-ce pas là un progrès incontestable, un effet bienfaisant des grèves, surtout pour les classes laborieuses, auxquelles elles imposent de si douloureux sacrifices ?

Ainsi, avec le régime de liberté, les grèves sont devenues moins violentes et elles ont pu tourner plus fréquemment qu'autrefois à l'avantage des ouvriers.

Sans doute, il est difficile de prouver ces faits à l'aide de chiffres, parce qu'il faut tenir compte, même dans les

---

(1) On pourra peut-être objecter à cette assertion que les grèves violentes ne semblent pas être aussi rares que nous voulons bien le dire. Nous ferons toutefois remarquer que, trop souvent et pour des causes diverses, les grèves de ce genre ont été, à dessein, grossies et propagées par les soins d'une presse trop avide de nouvelles sensationnelles. La proportion serait d'ailleurs bien facile à établir entre les grèves pacifiques et les grèves tumultueuses ; nous ne manquerons pas d'y revenir, lorsque nous nous occuperons des grèves de 1900.

grèves qui ne réussissent pas, d'un élément moral qui ne figure pas dans les statistiques. Ainsi, et pour prendre un exemple devenu classique, des ouvriers fileurs de laine réclament une augmentation de dix centimes l'heure ; les patrons refusent l'augmentation demandée et les ouvriers quittent l'usine. A la suite d'une suspension prolongée de travail, les ouvriers, à bout de ressources, reprennent le travail aux anciennes conditions. Sera-t-on fondé à dire, comme on le fait souvent, que la grève aura été sans résultats appréciables et que les ouvriers auraient mieux fait, dans leur intérêt, de continuer à travailler aux conditions convenues ? En raisonnant ainsi on risquerait parfois de se tromper. A ne regarder que les apparences, on peut dire que la grève est restée stérile, qu'elle a imposé inutilement de cruels sacrifices aux ouvriers et à leurs familles. On peut faire le relevé des salaires perdus et des économies dévorées, pendant la lutte ; ces calculs montrent-ils que les avantages des grèves sont payés chers par l'ouvrier ? Oui, sans doute. Trop cher ? c'est une question d'appréciation.

Pour notre part, mal venu nous paraîtrait celui qui prétendrait que la grève a été sans influence sur la condition de l'ouvrier. On peut démontrer, au contraire, que cette grève n'en a pas moins exercé une influence très directe sur l'esprit des patrons, qui, avertis par l'expérience et désireux d'éviter le retour d'une crise toujours préjudiciable à leurs intérêts, ne manqueront pas, le cas échéant, de donner satisfaction, dans la mesure du possible, à des réclamations éventuelles. « Le fait seul que les « ouvriers sont assez unis et disciplinés pour déserter les « usines, le même jour, à la même heure, dans toute une « région, contribue, pour une part difficile à définir, mais « très réelle, au maintien du taux des salaires (1) ». Il

(1) Georges Michel. — *Nouveau Dictionnaire d'Économie Politique.*

serait si facile aux patrons d'user d'une puissance que rien ne viendrait tempérer, pour augmenter outre mesure leurs profits, aux dépens des salaires de leurs ouvriers. Evidemment, nous ne prétendons pas établir une solidarité entre les actes de tous ceux qui appartiennent à une même condition sociale, mais seulement réprouver l'immoralité des procédés irréguliers pour faire fortune, ainsi que l'abus scandaleux des richesses mal acquises. Point n'est besoin pour cela de s'en prendre aux institutions de crédit et d'échange et, par une idée plus compréhensive encore, au capital, c'est-à-dire, en réalité, à la matière qui alimente le travail. Mais, si la coalition était interdite, n'y aurait-il pas à craindre, de la part de ce capital, une tendance un peu complaisante à certains abus, faussant ainsi dans son essence le contrat de louage ?

Avec la menace de la coalition au contraire de telles craintes sont superflues. A mesure que nous avançons en civilisation, la part du capital dans le profit du travail est de moins en moins importante et la nécessité impérieuse que formulait un de nos hommes d'Etat les plus en vue : « Il faut que le capital travaille et que le travail « possède (1) », s'impose chaque jour davantage. Le capital, dont les prolétaires ont dit tant de mal, est plus humain qu'il ne l'a jamais été, et, nulle part, il n'est plus humain qu'en France.

C'est pourquoi on peut être fondé à espérer que les grèves deviendront moins nombreuses, surtout moins désastreuses que par le passé. En sacrifiant une partie de leurs profits, en associant plus directement les ouvriers à la prospérité de l'entreprise, les patrons ont été mus, non seulement par le sentiment de leurs devoirs envers

____

(1) Waldeck-Rousseau. — Discours.

les classes déshéritées, mais aussi par l'instinct de leurs intérêts bien entendus.

La construction des maisons ouvrières (1), les caisses de retraites et de secours, les prêts gratuits pour achat de terrains et constructions de maisons, devenus d'un usage courant dans la grande industrie, peuvent être regardés comme une sorte de prime d'assurance ou, si l'on aime mieux, de préservatif contre les ravages des grèves et des coalitions ouvrières.

(1) Parmi les bonnes volontés nombreuses et éclairées qui ont tenté, avec quelque succès, de resserrer les liens qui unissent l'entrepreneur et le salarié, nous sommes heureux de faire une place à part à une intelligence exceptionnelle, dont on a pu dire qu'elle avait été « le modèle du patronage en France ». Nous avons nommé M. Penot, le distingué secrétaire de cette Société des Cités Ouvrières de Mulhouse, qui déploya, si longtemps, tant de zèle et de bon sens pour améliorer les conditions matérielles et pour aider au progrès moral de la classe ouvrière. Un devoir s'impose à nous, que justifie notre titre d'ancien élève de l'École Supérieure de Commerce de Lyon, dont il est le fondateur ; devoir que nous remplissons avec le sentiment de la plus vive reconnaissance. Grâce à l'activité et au dévouement de M. Penot et de ses collaborateurs, la grande ville de Mulhouse voyait grandir, en 1867, à côté d'elle, ou plutôt en elle, une petite ville : le faubourg des cités ouvrières. « Par un beau « dimanche d'été, lorsque la pluie n'a pas détrempé le sol noirâtre de « Mulhouse et que les habitants vont et viennent en habits de fête « ou travaillent à leurs jardins, la cité ouvrière offre un aspect de « gaîté et d'aisance qui n'est pas ordinaire dans les quartiers popu- « leux ». (E. Levasseur, *Hist. des Classes ouvrières*, t. II).

Ce bonheur fut l'œuvre de M. Penot. Nous adressons à sa mémoire l'hommage de notre admiration.

CHAPITRE IV

Limites du droit de coalition

Est-ce à dire qu'il soit d'une sage politique de pousser les ouvriers à employer cette dernière ressource? cette *ultima ratio* des grèves?

Evidemment non, car trop souvent ces moyens extrêmes sont meurtriers, même pour les vainqueurs. Et ceux-ci commencent à en avoir tellement le sentiment que, dans divers congrès ouvriers tenus à Paris, dans celui de 1881 notamment, les principaux orateurs se sont prononcés contre les grèves. Ils ont compris que la hausse des salaires n'est pas illimitée et qu'on ne peut réduire indéfiniment la durée des heures de travail sans porter, quelquefois, un préjudice irréparable à une branche d'industrie. Mais, si l'on reconnaît la parfaite légitimité des grèves, tant qu'elles ne sont pas entachées de menaces et de violences contre ceux qui refusent d'abandonner le travail, il ne faut pas admettre certains empiètements, que, sous prétexte de coalition, les ouvriers sont trop portés à commettre, sur les droits naturels des chefs d'établissements. Ils sont évidemment incompatibles avec la liberté de l'offre et de la demande, inconciliables avec le principe

même sur lequel repose la liberté de coalition. La faculté
de se concerter et de manifester la volonté commune
n'implique pas la faculté d'obtenir forcément l'accord des
volontés divergentes. Cette dernière faculté serait la néga-
tion du principe dont la première est une application. Ce
sont ces abus que l'autorité doit empêcher ; elle ne saurait, sans manquer à sa mission sociale, tolérer de semblables atteintes à la liberté de l'industrie. Le droit de
coalition trouve sa limite naturelle dans la liberté individuelle du travail.

Qu'il nous soit permis de citer, à ce sujet, une page du
rapport que M. Ollivier présentait au Parlement, en 1864,
lors de la discussion de la loi des coalitions, dont nous
avons parlé dans un précédent chapitre. Aussi bien,
cette belle page, que nous voudrions voir méditer un peu
par les ouvriers et par les patrons, définit nettement les
limites que comporte l'exercice du droit de grève.

« Osons le dire, la certitude des rudes épreuves réser-
« vées à ceux qui entrent dans les grèves, est un des
« motifs principaux en faveur de la liberté de coalition.
« La garantie, nous la plaçons dans le mal que se feront à
« eux-mêmes les imprudents qui abuseront du droit de se
« coaliser. Loin d'être insuffisante, la peine sera souvent
« plus sévère qu'il ne le serait désirable. Qu'ils hésitent
« longtemps, avant de se servir du droit qu'on leur donne,
« qu'ils n'y aient recours qu'à la dernière extrémité, en
« désespoir de cause, quand toute chance d'arrangement
« sera définitivement évanouie. Tous ceux qui leur seront
« dévoués de cœur et non des lèvres, les en supplieront ;
« qu'ils ne se précipitent pas, en aveugles, dans les coa-
« litions ! qu'ils ne se confient pas trop dans les pro-
« messes de la grève. Des dangers les menacent désor-
« mais dont ils ne connaissent pas la gravité. En même

« temps que la liberté s'est accrue, se sont accrues aussi
« les occasions de faillir. Et toute faute, qu'ils y pensent
« bien, retombera en malheurs, en larmes, sur eux, beau-
« coup plus que sur les patrons qui peuvent attendre ;
« beaucoup plus que sur la société qui sait se défendre !
« La grève, c'est la guerre, avec ses nécessités, avec son
« caractère destructeur, ses duretés, ses violences, ses
« colères, avec son accompagnement obligé de deuils, de
« dévastations. Comme à la guerre, dans les grèves, les
« innocents sont atteints pour les coupables ; les femmes,
« les enfants, les vieillards supportent les maux qu'ils n'ont
« point causés. De la grève comme de la guerre il sort
« quelquefois du bien, mais un bien mêlé d'amertume, qui
« laisse après lui les longs ressentiments, dont on ose à peine
« se réjouir, mais un bien tellement semblable au mal que
« l'historien a peine à l'en distinguer et que le philoso-
« phe n'y parvient pas. La grève ne sera vaincue qu'à
« force de liberté et d'instruction. L'expérience du passé
« le prouve ; la défendre, c'est en allumer le désir ; la
« permettre, ce sera en inspirer la terreur ; avec le temps,
« la liberté des coalitions tuera la grève.

« Quand les ouvriers auront touché de leurs propres
« mains les limites infranchissables de la volonté hu-
« maine ; quand ils se seront exercés au maniement des
« faits, à la connaissance des lois économiques ; quand ils
« auront plusieurs fois encouru, par leurs entreprises
« injustes, la censure de l'opinion publique, toujours dis-
« posée à les soutenir, tant qu'ils sont désarmés ; quand,
« de leur côté, les patrons, avertis des épreuves aux-
« quelles ils sont exposés, auront redoublé de bienveil-
« lance et de sagesse, les grèves deviendront plus rares
« et, d'un antagonisme passager, naîtra, sinon l'accord
« sans nuages, du moins l'habitude des discussions loyales
« et conciliantes ».

Les limites du droit de coalition naissent donc des inconvénients qu'il présente. Armes à deux tranchants, les grèves blessent à la fois patrons et ouvriers. Et, sans aller aussi loin que M. Barberet, disant en 1873 : « qu'en « jugeant les choses impartialement, d'après ses effets, « tout homme sensé découvrira, dans la grève, un vérita- « ble traquenard tendu au prolétariat », nous nous per- mettons cependant de faire nôtre cette opinion que M. Jules Simon porte sur la grève, dans son livre du « Travail ».

« La grève, dit-il, c'est la pire des guerres : une guerre « civile. Elle est meurtrière au pied de la lettre, car les « ouvriers en grève se réduisent, eux-mêmes, à la condi- « tion d'une ville assiégée, et, comme il arrive dans toutes « les guerres civiles, ils ne peuvent pas faire du mal à « leurs adversaires, sans en ressentir le contre - coup. « Qu'est-ce que le droit de faire grève ? C'est une arme. « On l'a rendue aux ouvriers et on a bien fait. Maintenant, « ce qui peut arriver de mieux pour l'industrie, pour la « société et pour eux-mêmes, c'est qu'ils ne s'en servent « pas ».

Le mal, en effet, n'est pas tant dans les pertes matériel- les plus ou moins graves que peut entraîner telle ou telle grève; il est, tout entier, dans le caractère de lutte à outrance qu'elle revêt; le mal, c'est l'esprit d'inimitié et d'envie qui fermente à l'occasion des grèves. Mais la haine du bourgeois peut devenir une folie dangereuse, susceptible de causer des malheurs. Aucune doctrine cependant ne peut changer la nature des choses.

Les troubles n'ont qu'un temps, et, quoi qu'on fasse, ce seront toujours l'intelligence qui dirigera et les bras qui exécuteront.

Le patron et l'ouvrier sont comme des époux. Personne

ne doit vouloir avoir raison jusqu'au bout. Il n'en est malheureusement pas souvent ainsi. Les luttes industrielles, toujours si désastreuses, malgré leurs apparences souvent pacifiques, se sont multipliées d'une manière effrayante et ont pris une importance inouïe. Si la plupart d'entre elles tendent simplement à obtenir des maîtres certains avantages déterminés, beaucoup, au contraire, sont dirigées autant et plus, contre la société capitaliste ; elles impliquent, pour l'ordre établi, une menace sur le sens de laquelle il serait difficile de se tromper. Le seul effet que ces grèves puissent produire est de prouver aux patrons que la classe ouvrière peut faire beaucoup de mal au capital, mais à la condition de s'en faire davantage à elle-même. N'est-ce pas acheter bien cher l'avantage de se faire respecter ou redouter ?

Quant aux grèves qui ne revêtent pas ce caractère anti-social, elles ont pu contribuer à l'amélioration de la condition matérielle de l'ouvrier, augmenter son indépendance dans la conclusion du pacte du travail, rendre les patrons plus attentifs aux demandes légitimes qui leur sont adressées ; mais n'ont-elles pas aussi dissipé, chaque fois, les faibles épargnes de l'ouvrier, condamné sa famille aux mauvais jours, à la misère, aux douleurs de la faim, à l'humiliation de l'aumône ? De quelles souffrances morales de toutes sortes n'ont-elles pas été accompagnées ? on le conçoit sans peine. Mais elles ont encore laissé dans le cœur de l'ouvrier de nouveaux ferments de haine contre le capital et la société toute entière ; elles lui ont inspiré contre la classe des patrons, une rancune concentrée qui le dispose à ce genre de grèves, dont nous parlions tout à l'heure, elles ont enfin permis souvent à de bruyantes ambitions qui « exploitent la souffrance des pauvres gens et s'en font 25 francs par jour », d'arriver jusqu'à

lui, de l'aveugler sur ses véritables intérêts, de lui prê-
cher la révolution et de l'embrigader parmi les affamés
de bouleversements ét les fauteurs de désordre.

Elles ont eu ainsi une action funeste au point de vue
de la question sociale. Nous sommes évidemment convaincus que l'une des solutions consiste précisément dans
l'amélioration de la situation du plus grand nombre.
Mais il est clair que la grève, employée pour cet objet par
la classe ouvrière, et d'ailleurs propre à lui apporter une
certaine amélioration matérielle, ne pourra, tant qu'elle
sera entendue et pratiquée comme elle l'est, diminuer ce
mécontentement qui avive l'hostilité du travail contre le
capital.

Il est possible qu'un jour la grève fasse socialement
plus de bien par l'amélioration du sort des travailleurs,
que de mal par suite de l'hostilité qu'elle est propre à
exciter entre le capital et le travail. La grève organisée
réussit, en effet, le plus souvent avant d'avoir éclaté ; le
patron qui a des commandes pressées, qui sait les ressources financières de ses ouvriers et qui comprend que la lutte
qui va s'engager pourra durer longtemps, ce patron-là
cède immédiatement si les revendications des ouvriers
sont justifiées et si l'état de prospérité de son industrie le
lui permet; mais alors, c'est moins la grève elle-même que
la menace de la grève qui donne gain de cause à l'ouvrier
et son effet a été presque exclusivement préventif.

Ce n'est donc pas la pratique de la grève qui peut être
réellement utile à la classe ouvrière, c'est le droit d'y
recourir, d'une part, et, de l'autre, la coalition, surtout
la coalition permanente qui en implique la menace et
suppose la possession des moyens d'y recourir efficacement.

« Soyez armés pour la guerre, dit M. Crouzel, aux

« ouvriers, mais que ce soit pour avoir la paix. La grève
« est une arme dangereuse qui ne peut servir utilement
« vos intérêts qu'à une condition, c'est que, toujours prête
« dans le fourreau, elle n'en sorte jamais ou presque
« jamais ».

CHAPITRE V

Les grèves de 1900 en France

Il résulte de l'étude théorique qui précède que la grève semble avoir pris son réel développement, seulement depuis l'avènement de la grande industrie, et que, c'est seulement aussi depuis l'apparition de ce nouveau mode d'organisation du travail, qu'elle semble avoir eu quelque effet favorable sur le sort de l'ouvrier.

Cependant, ainsi que nous le disions dans un chapitre précédent, même parmi les économistes, dont les idées ont jadis largement contribué à la conquête de la liberté nouvelle du droit de coalition, quelques-uns sentent une inquiétude, en considérant les faits et les résultats. Ils doutent de leurs principes, et à propos des grèves qui émeuvent périodiquement les gouvernements des Deux-Mondes, ils ont des paroles sévères sur la futilité des causes de conflits, sur l'ignorance des foules, sur leur inintelligence ou leur tyrannie.

Les faits sont là, d'ailleurs, et semblent devoir leur donner raison. Pour la France, depuis 1870, les statistiques (1) nous montrent le chiffre annuel des grèves croissant de période en période et atteignant son point culminant en 1893, où 634 grèves englobaient 170.000 ouvriers et faisaient chômer 3.174.000 journées.

« Dans une année moyenne de 1890 à 1895, 100.000 « ouvriers chômaient 1.500.000 journées de travail ; c'est « le triple du chômage de grève vers 1875 (2) ».

En Angleterre, aux Etats-Unis, en Italie, partout où des relevés rétrospectifs ont été dressés, le même accroissement a été constaté, tous les pays soumis à un régime de liberté politique et économique, analogue au nôtre, subissent la même crise générale. C'est là, sans doute, une confirmation du mouvement ouvrier dont nous retracions les grandes lignes au début de cette étude. Un tel ensemble n'est pas l'œuvre fortuite de quelques mauvaises têtes et peut être est-il de nature à inspirer quelques inquiétudes.

Les lois promulguées en faveur de l'ouvrier ne lui ont pas toujours fait grand bien et souvent elles lui ont fait beaucoup de mal. Les lois sociales doivent être dans les mœurs avant de figurer dans les codes. La liberté du travail proclamée en 1791 n'est pas encore une vérité absolue : on en a la preuve par l'histoire de toutes les grèves, mais en outre et à tout instant, dans la pratique de la vie industrielle. La liberté des coalitions a amené le développement intense des grèves qu'elle avait la préten-

---

(1) Nous nous sommes basés pour établir notre opinion sur les calculs de M. V. Turquan, dans ses *Recherches statistiques sur les grèves qui se sont produites en France depuis 1874* (Communication faite à l'Institut international de statistique, le 4 septembre 1889 à Paris) et sur ceux de M. Arthur Fontaine dans ses *Statistiques annuelles des grèves et des recours à l'arbitrage et à la conciliation*.

(2) M Arthur Fontaine : *Les grèves et la conciliation*.

tion de supprimer. La loi sur les syndicats dont l'ouvrier devait tirer profit, n'a donné jusqu'à présent, pour lui, que de médiocres résultats. Bien que ce soit une loi de liberté, elle menace de devenir tyrannique pour l'industrie, si, à côté d'elle, les pouvoirs publics ne font pas respecter la liberté du travail qui est la plus respectable des libertés ; jusqu'à présent, au lieu de pratiquer cette loi pour la défense de leurs intérêts, les ouvriers en ont fait souvent, sous la conduite de ceux qui les mènent, une loi d'agitation politique, c'est-à-dire, une loi d'agitation néfaste et décevante.

Toutes les lois que nous rappelons ici, très sommairement, sont cependant le fruit de cette observation que l'ouvrier est isolé dans l'industrie moderne et qu'il faut le fortifier à la fois par la liberté et l'association ; la pensée est excellente, nous l'avons déjà défendue dans le cours de cette étude et nous la défendrons encore. Nous avons l'espoir de la voir peu à peu comprise et entrer utilement dans les mœurs avec des sentiments de modération et de sage pratique.

Il n'en est malheureusement pas encore ainsi, quoique la tendance s'accentue de plus en plus, qui nous amènera à la suppression totale des abus.

Nous nous proposons d'établir, par l'étude attentive des grèves qui se sont produites, en 1900, aussi bien en France qu'à l'étranger que, de plus en plus, s'impose pour nous, la nécessité de connaître les maux dont souffre notre société et de les connaître sous toutes leurs formes ; de connaître aussi leurs conséquences désastreuses et douloureuses. Nous aurons ainsi plus de force pour indiquer les moyens d'y remédier.

Les grèves existent dans tous les pays industriels, dans le vieux monde comme dans le nouveau, aux Etats-Unis, en Australie, en Angleterre, en Autriche, en Espagne, en Italie et en France. Aux Etats-Unis, ce sont de « véritables guerres ». En 1877, il a fallu des armées pour en avoir raison; en Australie, en 1890, les grévistes sont devenus les chefs du Gouvernement.

Nulle part, cependant, ce mouvement n'a pris une extension aussi rapide et aussi considérable qu'en France dans le cours de ces dernières années et, parmi celles-ci, nulle ne fut plus féconde en grèves que l'année 1900.

Rechercher les causes générales et profondes de cette multiplicité croissante et celles, plus particulières, qui ont motivé la recrudescence extraordinaire des grèves pendant l'année 1900, en apprécier les résultats, en déduire les conséquences, tel sera le triple objet de ce chapitre que nous nous efforcerons d'appuyer à la fois sur des autorités élevées et sur l'expérience.

La direction du Travail publiait, en avril dernier (1), la statistique des grèves survenues en France, en 1900, ou, du moins, des grèves signalées à l'Office du Travail.

D'après ce compte-rendu 902 grèves avaient eu lieu durant la période qui nous intéresse; elles comprenaient 222.714 grévistes (180.591 hommes, 29.753 femmes et 12.370 jeunes gens) occupés dans 10.253 établissements; les grèves avaient entraîné 3.760.577 journées de chômage dont 1.115.524 jours chômés par 26.757 ouvriers non grévistes et 2.645.053 chômés par les grévistes. Il y avait eu, en 1899, 740 grèves ayant occasionné 3.550.734 journées de chômage; en 1898, on avait constaté seulement 368

(1) Avril 1901.

grèves et 82.065 grévistes ; en 1897 le nombre des grèves n'avait pas dépassé 356 et celui des grévistes 68.875.

Ainsi, la moyenne des grèves avait été, pendant les années 1897-1898 de 362 avec 75.000 grévistes. Le nombre des conflits entre ouvriers et patrons a donc plus que doublé en 1899 et presque triplé en 1900.

C'est là une première constatation qui a bien son importance et sur laquelle nous ne manquerons pas de revenir.

Voyons auparavant comment se classent les grèves de 1900, par mois et par départements, suivant les causes qui les ont fait naître, la nature des industries dans lesquelles elles se sont produites ; suivant le nombre des ouvriers qui y ont pris part et le nombre des journées de travail que ces ouvriers ont perdues. De ces classifications préliminaires ressortira plus clairement ensuite, nous l'espérons du moins, la classification finale des résultats de ces grèves, la plus importante de toutes à notre avis, la plus édifiante, la plus féconde en enseignements.

I. — Classification des grèves par mois

L'époque de l'année où chaque grève a commencé ayant été connue pour les 902 grèves de 1900, il est résulté du classement de ces époques, par mois, le tableau ci-contre (voir le tableau n° 1) :

Les chiffres de ce tableau sont suggestifs, c'est au commencement de l'année surtout, et dans la période qui va du mois d'avril au mois d'août, qu'il y a eu le plus de grèves ; le mois d'août ayant atteint le maximum avec 97, les mois d'avril 93, mai 83. Nous nous permettrons de faire à ce sujet une constatation qui nous paraît bien légitime, c'est que les grèves semblent avoir une tendance à éclater lorsque le travail industriel est dans toute son activité ; car elles se produisent, en grande partie, à la suite des exigences des ouvriers, au moment où ils sentent qu'il est difficile de les remplacer.

TABLEAU N° 1

MOIS	GRÈVES	GRÉVISTES
Janvier	64	19.066
Février	82	19.762
Mars	80	9.600
Avril	93	26.527
Mai	83	9.804
Juin	73	11.055
Juillet	74	10.754
Août	97	37.684
Septembre	78	17.655
Octobre	69	40.459
Novembre	70	10.779
Décembre	39	8.569
TOTAL	902	222.714

II. — Répartition géographique

Onze départements n'ont pas eu de grèves en 1900 ; ce sont : le Cantal, la Corrèze, le Gers, les Landes, la Lozère, la Manche, la Haute-Marne, la Savoie, la Haute-Savoie, les Deux-Sèvres et la Vienne.

7 départements ont eu moins de 100 grévistes ; 14, en ont eu de 100 à 200 ; 14, de 200 à 500 ; 14, de 500 à 1.000 ; 27, enfin, ont eu plus de 1.000 grévistes.

Parmi ces derniers, le Nord tient la tête avec 30.731

grévistes (1) ; les Bouches-du-Rhône viennent ensuite avec 28.716 ; la Seine atteint 27.359 ; le Pas-de-Calais, 25,795 ; la Seine-Inférieure, 12.615 ; la Saône-et-Loire, 12.317 ; l'Aube, 9.518 ; l'Aisne, 6.034, et le Rhône, 5.481 grévistes (2) soit, à eux seuls, plus de la moitié du nombre total (148.346). Ces différences proviennent évidemment de causes bien diverses, mais surtout du caractère plus ou moins industriel de ces départements.

III. — Grèves considérées d'après leurs causes

Les causes les plus fréquentes des grèves de 1900 ont été celles relatives aux questions des salaires (demandes d'augmentation ou diminution).

Les *demandes d'augmentation* de salaires seules ou associées à d'autres demandes, ont motivé 580 grèves (69 °/₀ du nombre total) avec 178.857 grévistes (80 °/°); elles ont causé 3.223.806 journées de chômage, y comprises celles des ouvriers qui n'ont pu travailler par suite de la grève; 113 de ces demandes ont été suivies de réussite pour 37.893 grévistes ; 249 ont fait l'objet d'une transaction pour 92.070 grévistes, et 218, avec 48.894 grévistes ont échoué ; 138 de ces grèves se sont produites dans l'industrie textile ; 109, dans le bâtiment ; 105, dans les industries de transport et 51, dans le travail des métaux.

(1) Dans la récapitulation des grèves de 1890 à 1899, ce département tient encore la première place avec 151.039 grévistes; le Pas-de-Calais le suit avec 109.647 ; la Seine, avec 103.557, et la Loire avec 71.649 grévistes.

(2) Ce sont les chiffres donnés par la *Statistique officielle des grèves et des recours à la conciliation et à l'arbitrage survenus pendant l'année 1900*, publiée par la Direction du Travail.

Voir aussi le *Temps* du 17 juillet 1901 : *Les grèves en 1900.*

Les réductions de salaires ont motivé 66 grèves pour 13.146 grévistes ; 13 d'entre elles ont échoué.

Après ces questions de salaires, celles qui ont causé le plus grand nombre de grèves et dont les résultats ne peuvent se traduire en argent, sont les *questions de personnes*, (demandes de réintégration d'ouvriers congédiés ou demandes de renvois d'ouvriers et de contremaîtres) ; on en a compté 193, soit 21 % .

Les *demandes de diminution de la durée du travail journalier* ont été formulées dans 100 grèves, dont 26 dans les industries de transport, et 24 dans le bâtiment ; 44 de ces demandes, intéressant 23.925 grévistes, ont été suivies de réussite ; 24, avec 35.448 grévistes ont abouti à une transaction, et 32, avec 19.139 grévistes à un échec.

D'autres grèves ont été amenées encore par divers griefs des ouvriers relativement aux conditions du travail (pour la suppression ou contre l'introduction du travail aux pièces, 26 ; contestations relatives aux règlements d'atelier, 42 ; demandes de suppression ou de diminution des amendes, 37) ; par des retenues faites sur les salaires pour l'assurance et les caisses de secours, par des demandes de renvoi de femmes et d'apprentis payés moins cher.

Enfin, l'opposition des patrons à la formation des syndicats ouvriers, la mauvaise qualité des matières premières à employer, l'état défectueux de l'outillage, l'obligation de travailler tous les jours, sans interruption le dimanche, ont déterminé un certain nombre de grèves qui ont bien aussi leur importance (43 grèves, avec 18.278 ouvriers).

Le tableau suivant que nous empruntons à la « Statistique des grèves » permettra d'ailleurs d'avoir rapidement un aperçu de l'importance des grèves, suivant la nature de leurs causes :

CAUSES PRINCIPALES DES GRÈVES OU RÉCLAMATIONS DES OUVRIERS	NOMBRE				RÉUSSITE			TRANSACTION			ÉCHEC		
					NOMBRE			NOMBRE			NOMBRE		
	de grèves	des établissements atteints par les grèves	de grévistes	de jours de chômage	de grèves	d'établissements	de grévistes	de grèves	d'établissements	de grévistes	de grèves	d'établissements	de grévistes
a) Demandes d'augmentation de salaires..................	580	9.414	178.857	3.223.806	113	722	37.893	249	6.966	92 070	218	1.726	48.894
b) Réduction de salaires.........	66	194	13.146	295.643	32	63	4 046	21	94	6.697	13	37	2 403
c) Demandes de diminution des heures de travail avec maintien ou augmentation de salaires..	100	5.153	78.512	1.590.169	44	1.324	23.925	24	3.214	35.448	32	615	19.139
d) Contestations relat^{es} aux salaires (modes d'établst de paiem^t) etc.	57	517	11.666	531.422	25	102	4.769	12	349	2.919	20	66	3.978
e) Contestations relativ^{es} à la règlementation du travail........	42	268	39 913	644.679	14	100	6.810	7	143	29.902	21	25	3.201
f) Pour la suppression ou contre l'introduction du travail aux pièces.....................	26	1.138	16.108	108 892	6	84	859	3	143	585	17	911	14.664
g) Contestations relat^{es} aux règlements d'atelier..............	42	78	9.274	583.280	15	15	1.803	12	24	4.268	15	39	3.203
h) Demandes de suppression ou de diminution des amendes.....	37	37	8.039	71.581	13	13	2.730	8	8	1.621	16	16	3.688
i) Renvoi d'ouvriers, demandes de réintégration d'ouvriers, contremaîtres, directeurs, etc....	89	121	24.818	139.212	24	28	13.958	11	18	4 430	54	75	6.430
j) Demandes de renvois d'ouvriers, contremaîtres, directeurs, etc.	104	145	14.226	120.714	32	32	3.234	11	11	3.254	61	102	7.738
k) Demandes de renvoi de femmes	3	72	5.053	37.574	1	1	13	»	»	»	2	71	5.040
l) Limitat^{ion} du nombre des appr^{tis}	1	1	40	80	1	1	40	»	»	»	»	»	»
m) Retenues pour l'assurance et caisses de secours............	39	326	14.394	151.977	29	257	8.775	3	14	100	7	55	5.519
n) Causes diverses ne rentrant pas dans les rubriques ci-dessus..	43	168	18.278	543.599	22	76	15 633	7	66	1.071	14	26	1 574

TABLEAU 3 — **Importance & résultats des grèves dans les divers groupes d'Industries**

GROUPES D'INDUSTRIE	Nombre de grèves par groupe	Proportion % du nombre de grèves (902)	Nombre des grévistes	Proportion % du nombre total des grévistes (222.714)	RÉSULTATS		
					Réussite	Transaction	Echec
a) Agriculture, forêts, pêche..........	14	1,5	2.359	1,1	6,8	72,4	˙20,8
b) { Mines:......................	41	4,5	41.927	18,8	1,9	79,6	18,5
{ Carrières......................	12	1,3	1.850	0,8	1,1	7,55	24,4
c) Produits alimentaires	39	4,3	4.727	2,1	4,4	81,4	14,2
d) Industries chimiques	27	3,0	10.845	4,9	4,3	46,2	49,5
e) Industries polygraphiques.........	22	2,4	1.188	0,5	9,9	58,0	32,1
f) Cuirs et peaux....................	47	5,2	11.771	5,3	2,7	26,6	70,7
g) { Industries textiles proprement dites	236	26,2	49.418	22,2	14,4	60,1	24,3
{ Travail des étoffes, nettoyage......	26	2,9	10.791	4,8	6,1	90,6	3,3
h) { Industrie du bois, tabletterie.......	43	4,8	5.610	2,5	12,0	57,3	30,7
{ Industrie du bois, bâtiment	24	2,7	2.335	1,1	6,6	92,9	0,5
i) { Usines métallurgiques.............	17	1,9	2.993	1,3	13,1	28,6	58,3
{ Travail des métaux ordinaires	88	9,8	15.284	6,9	20,6	51,3	28,1
{ Travail des métaux fins...........	4	0,4	117	0,1	70,9	0,0	29,1
j) { Taille et polissage des pierres, travail des pierres et des terres au feu...	28	3,1	3.169	1,4	19,3	73,8	6,9
{ Construction	106	11,8	11.185	5,0	15,0	54,8	31,0
k) { Transport et manutention, chargement et déchargement.........	128	14,2	47.135	21,2	16,2	62,0	21,8

IV. — Grèves suivant la nature d'industrie

En ce qui concerne l'importance et les résultats des grèves dans les divers groupes d'industrie, ils ressortent du tableau 3 (v. page 83).

On voit que les industries textiles ont fourni 236 grèves et 49.418 grévistes ; l'industrie minière 41 grèves, avec 41.927 grévistes ; la grève des mineurs du Pas-de-Calais a compté, à elle seule, 20.000 grévistes. Les industries du bâtiment, 130 grèves et 13.540 grévistes ; les industries de transport, 128 grèves et 47.125 grévistes (1) ; le travail des métaux, 109 grèves et 18.394 grévistes, soit pour ces 5 groupes d'industries 644 grèves et 170.404 grévistes, plus des 2/3 du nombre total des grèves (71 p. %) et des grévistes (76 p. %).

V. — Nombre et résultats des grèves en 1900
d'après le nombre d'ouvriers qui y ont pris part

TABLEAU 4

NOMBRE		NOMBRE DE GRÈVES SUIVIES		
de Grévistes	de Grèves	de Réussite	de Transaction	d'Echec
25 et au-dessous........	246	50	51	145
26 à 50	171	44	62	65
51 à 100	163	45	75	43
101 à 200	144	38	69	37
201 à 500	106	25	57	24
501 à 1.000	36	1	24	11
Au-dessus de 1.000......	36	2	22	12
Totaux........	902	205	360	337

(1) Voir page VI, du rapport de M. A. Fontaine.

VI. — Nombre et résultats des grèves de 1900 d'après leur durée

TABLEAU 5

DURÉE	Nombre de Grèves	Nombre de Grèves suivies			Nombre de Grévistes	NOMBRE DE GRÉVISTES pour lesquels les grèves ont été suivies		
		de réussite	de transaction	d'échec		de réussite	de transaction	d'échec
Une semaine au moins.	579	162	205	212	79 533	18 044	44.457	17 012
De 8 à 15 jours...	157	25	69	63	53.014	4.485	32.470	16.039
De 16 à 30 jours..	94	10	53	31	52.861	1 076	38.098	13.687
De 31 à 100 jours.	64	8	27	29	35 071	611	23 208	11.252
Plus de 100 jours.	8	»	6	2	2 235	»	2.125	110
Totaux.....	902	205	360	337	222.714	24.216	140.358	58 140

D'après ce tableau, 579 grèves sur 902 ont duré une semaine ou moins d'une semaine et, parmi elles, 118 ont duré de 1 à 2 jours et 162 n'ont duré qu'une journée ou moins d'une journée.

En revanche, 8 grèves ont duré plus de 100 jours. Ce sont celles : des chapeliers de Chalabre, 101 jours ; des chapeliers fouleurs de Paris, 105 jours ; des tisseurs de Thizy, 105 jours ; des charpentiers d'Angers, 119 jours ; des pêcheurs de Borgo, 124 jours ; des tisseurs d'Halluin, 134 jours ; des tisseurs de St-Vincent-de-Reims, 176 jours et celles des verriers à vitres du Nord, 177 jours.

Enfin, 631 grèves ont atteint 1 seul établissement ; 91, de 2 à 5 établissements ; 53, de 6 à 10 ; 73, de 11 à 25 ; 31, de 26 à 50 ; 15, enfin, de 51 à 100 établissements.

Les grèves suivantes ont atteint plus de 100 établissements : boulangers de Toulon, 110 ; camionneurs de Bordeaux, 250 ; peintres en voitures de Paris, 350 ; tullistes de Calais, 360 ; ouvriers en chaussures de Marseille, 550 ; boulangers de Marseille, 700 ; blanchisseurs de la Seine, 812 ; charretiers de Marseille, 2.500.

VII. — Nombre de journées de travail perdues

La Direction du Travail a cherché à établir également le montant des salaires perdus par les grévistes. L'insuffisance des renseignements ne lui a pas permis toutefois de procéder à un calcul complet. Ce calcul n'a pu être effectué que pour 508 grèves avec 153.184 grévistes. Les salaires perdus par les ouvriers, ayant pris part à ces 508 grèves, atteignent près de 10.000.000 de francs, exactement 9.520.953 francs, ce qui permet d'évaluer à environ quinze millions au moins les pertes de salaires éprouvées par la totalité des ouvriers qui ont fait grève, en 1900.

VIII. — Résultats des grèves

En général, ces résultats ont été loin d'être favorables aux ouvriers.

Après avoir attendu dans une situation le plus souvent précaire, les grévistes se sont décidés à reprendre leur travail aux anciennes conditions, quelquefois à des conditions pires. D'autrefois, les patrons ont accepté les conditions exigées par les grévistes, soit en totalité, soit en partie.

Finalement, moins de 25 °/₀ des grèves de 1900, soit 205 avec 24.216 grévistes ont été suivies de réussite ; 360 avec 140.358 grévistes se sont terminées par une transaction, et 337 avec 58.140 grévistes ont échoué.

Le tableau suivant permet d'ailleurs de faire la comparaison entre les résultats des grèves des deux dernières années et la moyenne des dix années 1890-1899. Il nous montre que, si, d'une part, la proportion des réussites a augmenté (faiblement du reste) il en a été de même pour celle des échecs, et cela au détriment des transactions.

TABLEAU 6. — **Statistique des résultats des grèves**

Moyenne des années 1890 à 1899

	GRÈVES		GRÉVISTES	
Réussites............	1.011	24 19 %	166.374	18.04
Transactions.........	1.312	31.29 %	399 499	43.33
Echecs	1.871	44 61 %	356.207	38.63

	ANNÉE 1899		ANNÉE 1900	
	Grèves	Grévistes	Grèves	Grévistes
Réussites............	180	21.131	205	24.216
Transactions.........	282	124.767	360	140.318
Echecs.............	278	30.928	337	58.140

Notons également, pour être complet, que les poursuites correctionnelles exercées au cours de 53 grèves ont abouti à 422 condamnations, amende seule ou prison ; 312 de ces condamnations ont été prononcées à l'occasion des 11 grèves suivantes : mécaniciens de Châlons-sur-Saône, 10 ; employés de tramways de St-Etienne, 10 ; charretiers de Marseille, 12 ; mineurs de Carmaux, 13 ; boulangers de Marseille, 14 ; employés de tramways de Lyon, 19 ; terrassiers du Hâvre, 29 ; marins, chauffeurs et soutiers de Marseille, 40 ; marins, chauffeurs et soutiers du Hâvre, 52 ; métallurgistes du Creusot, 55, et tullistes de Calais, 58. Tel est le spectacle lamentable auquel il nous a été donné d'assister au cours de cette trop célèbre année 1900. Et bien vain serait celui qui tenterait de se dissimuler l'émotion et l'inquiétude qu'ont suscitées dans le monde politique, industriel et commercial, les nombreuses grèves de cette période troublée.

Veut-on avoir une idée de la façon dont parfois s'engagent les grèves? Nous empruntons cet exemple au rapport adressé à M. Millerand par M. Arthur Fontaine, le savant directeur du Travail au ministère du Commerce.

« Au cours d'une grève de chargeurs de charbons au Hâvre, écrit M. Arthur Fontaine, l'équipage d'un navire reçut l'ordre de procéder au chargement du charbon. Il s'y refusa, prétendant que ce travail pouvait bien lui être commandé en cours de route, mais jamais au port d'attache. Le tribunal maritime, saisi de la question, déclara mal fondée en droit la prétention de l'équipage et condamna 51 opposants à 15 jours de prison.

« Une grève s'ensuivit, dit M. Fontaine, et les membres des diverses professions réclamèrent aussitôt un relèvement de leurs salaires. Il n'y avait, manifestement, aucun rapport entre la question initiale et cette demande. Mais c'était au moment de la hausse des charbons, alors que l'activité des ports était la plus grande. Au bout de huit jours, c'est-à-dire presque sans résistance, le relèvement des salaires fut accordé aux grévistes. Immédiatement, ce fut comme une traînée de poudre.

« Le mouvement gréviste s'étendit ensuite rapidement dans les principaux ports de l'Océan et de la Méditerranée, de Dunkerque à Bayonne, de Port-Vendre à Nice et d'Oran à Bône. Après le personnel navigateur et les ouvriers des ports, il gagna beaucoup d'autres professions, de sorte que la grève des chargeurs de charbon du Hâvre peut-être considérée comme le point de départ de 110 autres grèves dans l'espace de 2 mois ». Ainsi s'exprime le rapport. Et l'on voit combien une grève peut, de proche en proche, gagner et s'étendre. Ce n'est pas là une des moindres raisons de l'instabilité et de l'insécurité dont se plaignent de plus en plus les chefs d'industrie.

Ce que les ouvriers ne considèrent pas, ce que les

meneurs traitent légèrement, lorsqu'on leur en parle, c'est le danger que tout relèvement de prix, que même toute interruption dans la production, fait courir à l'industrie d'une ville ou même à celle d'un pays.

La concurrence aujourd'hui est si ardente, les commandes sont si disputées, les marchés tiennent parfois à de si petites différences de prix, que tout ce qui accroit ces prix risque d'ôter à cette ville ou à ce pays sa clientèle ordinaire, au détriment à la fois des patrons et des ouvriers. Toute interruption fait que les clients s'adressent ailleurs et parfois ne reviennent pas.

Ce qu'il y a de certain, c'est que ces grèves ont laissé derrière elles ce qu'elles produisent presque toutes : chez les patrons, un découragement, une appréhension de l'avenir qui les éloigne de toute entreprise de longue haleine, qui leur fait ajourner ou rejeter toute amélioration de l'outillage ou des procédés de production que l'état du marché exigerait parfois, mais que l'on n'ose faire, dans l'incertitude où l'on est du lendemain ; chez les ouvriers, de fâcheuses habitudes de relâchement, de paresse ou d'insubordination ; chez les uns et les autres enfin, une irritation contenue. Les uns regrettent ce qu'ils se sont laissés arracher et espèrent bien le reprendre ; les autres, ou n'ont rien obtenu ou croient n'avoir pas obtenu assez et songent à reprendre les armes pour arriver à mieux.

Pour tout dire, la paix semble n'être qu'une chimère, la trève d'une lutte qui, sans cesse, recommence.

CHAPITRE VI

Motifs, résultats et conséquences des grèves de 1900, en France

Sans vouloir tirer de conclusions d'un travail qui n'est qu'un simple exposé de faits, il est, du moins, permis de faire cette constatation; le fait qui frappe le plus, parmi les faits sociaux de nature si complexe, mais si attachants aussi, c'est l'extraordinaire développement qu'ont pris les grèves pendant l'année 1900.

On pourrait disserter à perte de vue sur les causes probables de cette augmentation. Pour nous, nous nous bornerons à établir nettement une division rationnelle de ces causes, parmi lesquelles nous en distinguerons de générales, présidant toujours et invariablement à toute déclaration de grève, parmi lesquelles aussi, nous ferons une place à part à celles plus particulières qui ont motivé la multiplication désordonnée des grèves pendant l'année 1900.

Et d'abord, la transformation qui s'est produite dans l'industrie, le développement du travail de manufacture, au détriment du travail en famille, tout ce qui peut, en un mot, contribuer à rendre l'ouvrier mécontent de son sort, à mettre une plus grande distance entre lui et le patron, à augmenter l'hostilité du travail contre le capital, tout cela est favorable au développement des coalitions industrielles et des chômages concertés contre les chefs d'établissement. Tout lien de respect et de bienveillance réciproque se trouvant rompu et la jalousie du prolétaire contre celui qui le fait travailler en vivant dans le luxe atteignant la mesure de la haine ouverte, le terrain est tout préparé pour recevoir la semence jetée par tant de prétendus réformateurs qui lui prédisent un changement, dont le résultat sera de le faire jouir à son tour et qu'il dépend de lui d'accomplir.

C'est à qui célèbrera l'égalité. « Si les hommes sont « égaux, disent les ouvriers, pourquoi les jouissances ne « seraient-elles pas égales entre eux et pourquoi ne par- « ticiperions-nous pas à la vie opulente ou confortable « de nos patrons? Il est certain que si l'égalité est la loi « de la nature (déclaration de 1793), il n'y a rien à leur « objecter (1) ».

La cherté toujours croissante de la vie est aussi une cause des grèves. De cette cherté, conséquence inévitable de l'élévation artificielle des prix amenée par le système protecteur, il est résulté que, nulle part, la vie du travailleur n'est aussi coûteuse qu'en France. Il semble donc naturel qu'il réclame, par les grèves, l'augmentation de son salaire. Et « quand les patrons lui opposent l'impossi- « bilité d'augmenter leurs prix de revient, les exigences « de la concurrence ils ne se laissent pas convaincre et « répondent : « on nous fait payer plus cher notre pain, « notre viande, notre café, notre chocolat, le fer de

—————————

(1) Emile Ollivier. *La loi des coalitions.* — Revue des Deux-Mondes, 1ᵉʳ juillet 1901.

« nos outils, les tissus de nos vêtements ; payez-nous
« plus cher notre travail ». Et je ne vois pas encore ce
« qu'il y a à leur riposter (1) ».

Nous ne devons pas cependant généraliser et demeurer
sous l'impression pénible de la souffrance que ce résultat
suppose.

Nous pensons que cela ne serait pas juste.

Sans doute, l'ouvrier vit généralement dans la gêne ;
car si les salaires se sont notablement élevés, les besoins
se sont développés d'une manière presque parallèle. Mais
n'est-ce pas beaucoup de pouvoir constater qu'il se nourrit
mieux qu'autrefois, qu'il est mieux vêtu, mieux logé,
mieux soigné en cas de maladie et que, malgré les influences funestes du milieu dans lequel il est obligé de
travailler, souvent sa vie s'est, en définitive, prolongée !
Ce qui est certain, c'est que dans les cas trop fréquents
où la famille ouvrière manque du nécessaire, elle souffre
le plus souvent par la faute du père qui chôme le lundi,
qui s'enivre au cabaret, quand ses enfants et sa femme
n'ont rien à manger et qui, comme dit M. Jules Simon,
« érige l'imprévoyance en système (2) ».

A l'aide de l'observation la plus superficielle, en effet,
il est facile de s'assurer que la misère, loin de grandir
avec la civilisation, tend, au contraire, à diminuer devant
une aisance chaque jour accrue et devant les issues nouvelles que se fraye le travail. Il serait trop douloureux de
penser, comme le disait M. Louis Reybaud, il y a cinquante ans, « que le progrès social, cette idole du temps,
« ressemble à ces divinités indiennes qui ne marchent vers
« le temple, qu'en écrasant à chaque pas, sous les roues

____

(1) Emile Ollivier. Article cité.
(2) L'*Ouvrière*, p. 127.

« de leur char, un plus grand nombre de victimes (1) ».
Cela n'est point. Les sociétés modernes ont été calom·
niées ; elles sont au-dessus des sociétés anciennes comme
intelligence et comme bien-être.

Mais la gêne dont le prolétaire continue à souffrir est
devenue pour plusieurs motifs plus insupportable pour
lui, plus apparente et plus sensible pour les autres ; en
sorte que son mécontentement s'est plutôt accru et, avec
lui, sa disposition à la lutte contre le capital. L'importance plus grande du travailleur dans la vie sociale,
effet de son émancipation civile et morale et de son
émancipation politique, ses allures plus indépendan-
tes et son caractère plus remuant, une disposition
plus marquée des esprits à s'occuper des classes qui
souffrent et des moyens de les soulager, enfin l'abus
même qu'on a fait trop souvent du tableau, volontiers
exagéré des maux de l'ouvrier, ce sont là les motifs de
cette aggravation des relations du capital et du travail.
Suivant l'expression de Macaulay, « on souffrait autrefois
« autant et plus que de nos jours, mais les philanthro·
« pes ne regardaient pas encore comme un devoir sacré
« de s'étendre sur la détresse des travailleurs, et les
« démagogues ne s'étaient pas encore aperçus qu'il y
« avait là quelque mine à exploiter (2) ».

Les patrons ne sont cependant pas sans responsabilité,
dans cet accroissement des grèves, car s'il en est, comme
à Anzin et en Belgique, qui ont établi des conversations
régulières avec des délégués régulièrement nommés, et
ont ainsi contribué à raffermir la confiance et les bons
rapports entre le capital et le travail, il en est d'autres, au

(1) L. Reybaud. *Etude sur les réformateurs ou socialistes modernes:*
T. II, chap. I.
(2) Cité par M. A. Crouzel.

contraire, qui n'ont pas su devancer les réclamations légitimes de leurs ouvriers et qui les froissent par des hauteurs et des mépris.

De plus, la grève une fois déclarée, les patrons n'ont pas toujours su adopter une conduite ferme et cohérente : « Ils commencent par résister ; la querelle s'envenime ; « la rue se trouble et prend parti ; le gouvernement inter- « vient, se mêlant de ce qui ne le regarde pas, sollicite, « presse, uniquement préoccupé de sortir d'un embarras « passager ; alors, les patrons capitulent ; leur capitula- « tion, c'est l'acceptation d'arbitrage ». Si bien que les ouvriers encouragés recommencent de plus belle, dans la même industrie ou dans toute autre. Si les patrons, au contraire, ayant résisté dès le début, avaient tenu ferme jusqu'au bout, comme l'ont fait récemment les vaillants et intelligents armateurs de Marseille et le Conseil d'Administration de Montceau, les ouvriers con- vaincus qu'une grève n'est pas une gaminerie sans importance, mais une bataille aux conséquences terribles, si elle est perdue et même si elle est gagnée, ne se déci- deraient plus au combat économique pour des raisons futiles ou manifestement injustes et n'y recourraient qu'à la dernière extrémité.

Nous ne devons pas omettre, enfin, une dernière cause générale de l'hostilité du travail contre le capital, et, par conséquent, de la fréquence des grèves, c'est la propaga- tion des idées socialistes parmi les ouvriers.

« Sans doute, dit très justement M. Paul Leroy-Beau- « lieu, avec quelque exagération peut-être, il peut surgir « des coalitions d'ouvriers qui ne soient pas systémati- « quement produites par des inspirations socialistes et « qui, au contraire, proviennent de causes particulières « à telle industrie ou à telle localité, mais ce ne sont là

« que des faits exceptionnels ; l'on peut dire que, dans
« la majorité des cas, les grèves se rattachent à des idées
« plus générales, à des visées plus hautes, à des projets
« plus ambitieux que les griefs allégués ne sembleraient
« l'indiquer (1) ».

Presque inconnues à la fin du siècle dernier, ces idées
socialistes se sont propagées rapidement, sous l'influence
de quelques hommes de talent qui ont su les rendre popu-
laires. Cette doctrine est cependant loin de se recomman-
der par la douceur des voies que conseillent beaucoup
de ses fervents pour effectuer la grande réforme sociale.
« L'incendie, le meurtre, la dynamite ne leur répugnent
pas ». Aussi, n'est-ce pas seulement parce qu'il monte
la tête aux ouvriers et augmente leur mécontentement
que le socialisme contribue à rendre les grèves fréquentes.
En même temps qu'il les excite à la haine contre le
capital et fait naître, en eux, des idées de vengeance, il
leur montre la grève comme un moyen efficace de hâter
la transformation de la société. C'est le capital qui est le
premier obstacle au nouvel ordre de choses. La grève tend
à le ruiner, à le désorganiser, à le faire capituler. C'est
là, la raison qui fait que les meneurs considèrent la grève
comme un moyen actif de propagande à leurs idées, parce
qu'à la faveur des souffrances qui résultent de toute suspension de travail, il leur est plus aisé de faire accepter
le principe d'une organisation nouvelle qui doit, suivant
eux, mettre fin à tous les maux des classes laborieuses (2).

Telles sont les causes générales qui président à toute
déclaration de grèves, et en constituent souvent les mo-

(1) *La question ouvrière au XIX⁰ siècle*, p. 105.
(2) Les réunions occasionnées par les grèves ne sont-elles pas très
souvent remplies par des discussions qui ne touchent que de loin aux
points contestés et par des discours socialistes?

tifs véritables et profonds. Il importait de les faire connaître, car elles peuvent contribuer à jeter une certaine clarté
sur cette question sociale si angoissante par sa complexité
en soumettant à un examen attentif l'étude de ces problè-
mes toujours nouveaux et jamais résolus.

*
* *

Nous allons voir maintenant quelles ont été les causes
plus particulières de l'accroissement énorme du chiffre des
grèves de 1900 ; chiffre vraiment formidable, si l'on songe
à la perte matérielle et au préjudice moral qu'il exprime
pour l'industrie, aux souffrances qu'il laisse deviner pour
les ouvriers et leurs familles, aux sacrifices qu'il suppose
de la part des organisations ouvrières et à l'esprit de solidarité qu'il témoigne chez elles.

Que l'Exposition Universelle ait eu sur les mouvements
de la population ouvrière une sérieuse influence, cela est
infiniment probable. Les conditions économiques propres
à quelques industries, auxquelles cette Exposition Universelle a procuré une activité exceptionnelle, ont contribué
en effet à pousser les ouvriers à la grève, en vue de béné-
ficier de la situation prospère pour obtenir des conditions
de travail plus favorables.

Mais on aurait tort de croire que la présence de M.
Millerand au Ministère du Commerce n'ait pas fait briller
aux yeux de beaucoup l'espoir d'un triomphe assuré dans
leurs revendications. Les grèves qui ont éclaté en novembre
1899 dans le Doubs, à Audincourt, Valentigney et Beau-
lieu sont peut-être les plus caractéristiques à ce point de
vue.

Ces grèves que nous mentionnons, quoique n'appartenant pas à la période dont nous faisons l'histoire,

méritaient cependant une place ici, car leur manifestation, au début de la prise de possession du pouvoir par un membre du parti collectiviste, est une preuve indéniable de cette belle confiance en les pouvoirs publics que possédait ce millier de grévistes marchant sur Paris, pour y demander justice, avec femmes et enfants et précédés de drapeaux tricolores sur lesquels on lisait cette emphatique inscription : « Vivre en travaillant, mourir en combattant ».

Nul ne peut douter aujourd'hui que les causes politiques aient aussi, et plus fortement encore que l'Exposition Universelle, exercé depuis bientôt trois ans, leur action sur le monde du travail ; qu'en particulier, la participation au Gouvernement de ce représentant du parti collectiviste que nous avons nommé, les concessions nombreuses que cette situation a entraînées vis-à-vis des socialistes révolutionnaires et les encouragements que leur propagande a trouvé dans la faiblesse ou dans la secrète protection des pouvoirs publics ; nul ne peut nier que tout cela ait contribué pour une large part à accroître et à aggraver le trouble de l'industrie.

Et si, maintenant, reprenant le rapport de M. Arthur Fontaine et poursuivant avec lui le cours de ses édifiantes constatations, nous remarquons que sur les 902 grèves de 1900, les ouvriers étaient, dans 552, en tout ou en partie, membres des syndicats de leur profession, ne sommes-nous pas amenés en face de cette proportion si élevée, à attribuer, quoiqu'on dise, à l'existence des syndicats ouvriers, un rôle prépondérant dans la préparation des grèves ; à leurs chefs, un rôle d'agitateurs ? Cette proportion ne semble-t-elle pas indiquer que l'influence des syndicats ouvriers ne se soit rien moins exercée que contre les grèves ?

Les partisans de la loi émancipatrice de 1884 avaient rêvé la disparition graduelle des conflits entre ouvriers et patrons par les transactions et les ententes auxquelles paraissait devoir se prêter le groupement des travailleurs. Mais il eut fallu que ceux-ci fussent affranchis de toute pression politique et de toute action révolutionnaire. Dès l'instant que les partis extrêmes voient dans les syndicats un moyen de lutte de classes, le rôle pacificateur des associations ouvrières menace d'être singulièrement effacé.

« De ce jour (de la loi de 1884) dit M. Emile Ollivier (1)
« renforçant ainsi l'opinion de M. Paul Leroy-Beaulieu
« précédemment citée, de ce jour a commencé la guerre
« sociale. Sous la direction de meneurs souvent mauvais
« ouvriers, imbus de théories subversives, la plupart
« collectivistes, les syndicats sont devenus une prépara-
« tion de la révolution sociale et de la grève générale qui
« doit l'inaugurer. Secondés par les politiciens qui se
« jouent des souffrances des femmes et des enfants pour
« obtenir ou conserver un siège de député, ils font peser
« un véritable despotisme sur la masse ouvrière et l'obli-
« gent à les suivre souvent en gémissant, dans des grèves
« d'un caractère exclusivement politique ».

Ce qu'il faut reconnaître c'est qu'en France, au moins, dans plusieurs régions et pour d'assez nombreuses professions, l'existence d'un syndicat ouvrier prédispose actuellement à la grève des travailleurs mal organisés et ayant une insuffisante expérience de la liberté d'association. Il est certain que les groupements professionnels donnent aux ouvriers le sentiment de leur force, que ceux-ci sont tentés d'abuser de cette force et qu'ils cèdent

(1) Emile Ollivier. — Art. cité, *Revue des Deux Mondes.* (1er Juillet 1901).

d'autant plus facilement à la tentation que les progrès du syndicat dans son rôle éducateur sont moins sensibles. Par une réaction toute naturelle, la méfiance des patrons contre le principe même de l'association ouvrière s'accroît en raison de ces abus ; ils s'organisent aussi pour y résister et se soutenir les uns les autres.

Quels devaient être les résultats et les conséquences d'un tel état de choses ? Il était facile de le prévoir. Une inquiétude profonde s'est emparée peu à peu du monde iudustriel ; il s'est ému des menaces qui le mettent sans cesse en péril et qui, si l'on n'y prend garde, compromettront, à bref délai, non seulement la sécurité de telle ou telle industrie mais celle du travail français, feront disparaître la possibilité des entreprises sérieuses et ruineront la prospérité même du pays.

Aux tableaux si instructifs que la Direction du Travail a publiés se trouvent jointes des notices, courtes, concises, mais bien curieuses sur un certain nombre des grèves qui ont affligé l'année 1900. Nous voudrions, nous servant exclusivement des aveux contenus dans ces exposés, mettre en lumière quelques-uns des résultats créés par cette agitation sans précédent dont se plaignent justement tant de chefs d'industrie.

L'un des principaux parmi ces résultats est sans contredit l'aléa créé par la désinvolture avec laquelle une industrie en pleine marche se voit arrêtée. Une industrie, quelle qu'elle soit, a besoin avant tout de sécurité. Pour qu'elle puisse assurer des salaires à ses ouvriers, elle doit pouvoir conclure des marchés, préparer des approvisionnements, se ménager des amortissements et des ventes qui impliquent avec des prix de revient calculés et serrés de très près la stabilité du travail ? Les ouvriers s'en rendent-ils compte ? La publication faite par le Ministère du Commerce prouve, tout au moins, qu'ils agissent comme s'ils ne s'en doutaient pas.

Par quelques exemples empruntés à ce document on va juger combien l'année dernière l'industrie française s'est sentie à la merci de ruptures soudaines d'engagements ; on va voir comment éclatent absolument à l'improviste la plupart des grèves.

Au moment où les patrons s'y attendent le moins, ils reçoivent une mise en demeure ; il leur faut changer subitement leurs conditions de production, accroître leurs charges, subir les exigences qu'on leur impose ou bien voir leurs ateliers se vider, leurs machines tourner à vide, la grève suspendre toutes les livraisons. Encore arrive-t-il que les grévistes ne se donnent même pas la peine de formuler leurs réclamations avant de se mettre en grève. Mais laissons la parole au rapport officiel (1).

A l'usine de produits chimiques de la société de St-Gobain, à Caudéran (Gironde), les ouvriers se réunissent le 23 janvier et décident d'envoyer, le lendemain, des délégués au directeur pour lui demander une modification des conditions du travail.

« Le directeur, ne pouvant prendre de décision, sans « consulter le Conseil d'administration, demanda huit « jours pour donner la réponse, mais les ouvriers quit- « tèrent immédiatement le travail ». A Orléans, les couvreurs-zingueurs qui s'étaient déjà mis en grève, au mois d'août 1899 et qui avaient alors obtenu seulement une satisfaction partielle « pensèrent être plus heureux, en

(1) Voir le *Temps*, 11 Août 1901.

« profitant, pour quitter une seconde fois les chantiers, le
« 17 février, de la nécessité pour les entrepreneurs d'exé-
« cuter des réparations urgentes, par suite du mauvais
« temps ». Dans le Loiret encore, à Chalette, près de
Montargis, la Société anonyme des glaces et produits
chimiques de St-Gobain, fut mise en demeure, le 1er mars,
d'avoir à changer, du jour au lendemain, sous peine de
grève, les salaires et d'avoir à renvoyer le directeur. La
Compagnie ne s'étant pas inclinée, le travail fut interrompu.

Il existe, dans l'Eure, une industrie intéressante qui
occupe des ouvriers et des ouvrières, habitant plusieurs
communes ; c'est l'industrie des peignes en écaille, corne,
ivoire, celluloïde. Le 5 mars, la Chambre syndicale
adressa aux patrons de la région un nouveau tarif de
façon qu'elle venait d'adopter « en leur demandant une
« réponse dans les vingt-quatre heures ». L'exposé
ajoute : « Les patrons n'ayant pas répondu, en temps
« voulu, la grève commença le 8 mars dans les commu-
« nes d'Ivry-la-Bataille, Bois-le-Roi et l'Habit ». Cet
« en temps voulu » vaut son pesant d'or.

A Chaley, dans l'Ain, voici ce qui s'est passé. Nous
citons toujours l'exposé : « Le 12 mars, au soir, M. Mu-
« latier, fabricant de toiles métalliques à Chaley (Ain)
« se trouvant à Lyon, reçut une dépêche ainsi conçue :
« Syndicat demande entrevue pour demain ». Signé :
Le Secrétaire. « Le lendemain, à une heure, il était à
« son usine où la Commission ouvrière lui remit un
« nouveau tarif dont elle demandait l'approbation immé-
« diate et qui comportait une augmentation de 20 %.
« Après discussion et consultation des ouvriers par le
« Syndicat, un délai de 48 heures fut accordé au patron
« pour examiner le tarif, mais en même temps, tous les

« ouvriers quittaient le travail ». Evidemment, de pareils procédés se passent de tout commentaire.

Autre application du même système : « Le dimanche, « 1ᵉʳ avril, une réunion des ouvriers des filatures de « laine de Vienne (Isère), décida de demander une dimi- « nution de la durée du travail de jour et de nuit et une « augmentation de salaire. Le lundi, 2 avril, avant même « que les patrons eussent reçu la liste des réclamations, « les ouvriers de nuit d'un établissement s'entendirent « pour ne venir à l'atelier qu'à 7 heures du soir. Le « patron ne les voyant pas venir à l'heure habituelle « ferma son usine. Le même fait se produisit le lende- « main, 3 avril, dans tous les établissements ».

« Les ouvriers firent alors aux patrons communication « de leurs demandes, en y joignant l'ultimatum suivant : « Réponse le 4 avril, avant six heures du soir, au Comité « du Syndicat textile, à la Bourse du Travail. Passé ce « délai, le Syndicat agira en conséquence ». Et l'exposé conclut en ces termes : « Les réponses n'étant pas arri- « vées en temps voulu et à l'heure fixée, le Syndicat vota « la grève générale pour le lendemain ».

« A Lille, un ouvrier tisseur d'une fabrique de toile « ayant refusé de payer une amende qui venait de lui être « infligée pour mal-façon et ayant été congédié le lende- « main, les quatre-vingt-dix tisseurs de l'établissement « quittèrent le travail ».

A Honfleur « le 24 octobre, à 2 heures, M. Ullern, « négociant en bois, informait le Juge de Paix que tous « les ouvriers occupés par lui sur les quais, au charge- « ment et au déchargement des navires, comme à la mise « des bois en pile, venaient de se mettre en grève, à une « heure et demie, après l'avoir avisé, la veille, de leurs « demandes.

Dans la même ville, autre fait semblable.

« A l'heure même où les déchargeurs de bois de Hon-
« fleur reprenaient le travail, les déchargeurs de charbon,
« profitant de l'arrivée des navires anglais dans le port,
« se mettaient en grève, en demandant un franc d'aug-
« mentation par jour et un franc par heure complémen-
« taire ». Les bateaux s'apprêtaient à reprendre la mer
quand, avertis de cette solution, les grévistes comprirent
qu'ils perdraient tout à vouloir s'obstiner dans leur prétentions premières. Mais quelle industrie reste possible
avec cet aléa perpétuel de subite désorganisation du
travail.

Enfin, au cours des grèves de Marseille et du Hâvre,
certains incidents d'une gravité exceptionnelle, se sont
produits et sont venus jeter la perturbation au sein de
populations actives et industrieuses. Les grévistes ont eu
licence de molester les ouvriers non grévistes et les
patrons, de commettre des attentats contre la liberté du
travail et contre la propriété privée. Ici, une usine est
envahie par les grévistes qui débauchent les ouvriers, la
menace à la bouche. Là, des charretiers, assaillis par les
mêmes grévistes et insuffisamment protégés, sont con-
traints de rebrousser chemin. Et tous ces faits s'accom-
p... sent à l'instigation d'un député italien, M. Morgari.

Il est de notre devoir de rappeler les applaudissements
que valut au Président du Conseil l'expulsion de ce col-
porteur international de grèves et ses paroles nettes et
précises affirmant que les étrangers n'ont pas à venir se
mêler de nos grèves ni d'aucune autre de nos affaires
intérieures. « Nous n'avons pas besoin, pour cela, de
« politiciens d'importation : nous avons assez des nôtres ».
A Marseille, les grévistes français et italiens ont marché en
déployant le drapeau italien contre des soldats français!

Le Président du Conseil a eu mille fois raison de ne pas vouloir tolérer un pareil scandale.

Les grèves de Marseille, du Hâvre, de Dunkerque et, en général, de nos ports les plus importants, n'ont pas eu seulement un caractère nouveau par leur étendue et leur violence, mais jamais encore on n'avait vu aussi nettement le péril national que, dans certains moments et par l'effet de leur extension et de leur propagation soudaines et indéfinies, les grèves peuvent faire courir aux intérêts vitaux et même à l'honneur du pays. Les relations avec nos possessions africaines interrompues, le départ des troupes appelées dans l'Extrême-Orient pour y défendre le drapeau français empêché ou retardé, notre commerce de cabotage et au long cours paralysé, les marchandises s'accumulant et se perdant sur les quais ou dans les gares, le charbon manquant aux usines, les ports de Gênes et d'Anvers gagnant tout ce que perdaient ceux de Marseille, du Hâvre et de Dunkerque et prenant dans la concurrence industrielle et commerciale une avance qu'il sera très difficile sinon impossible de rattraper, bref le sentiment et la vision de la vie et de l'activité nationales pouvant être arrêtées du coup par la paralysie des grands services publics : voilà ce qu'à travers les incidents de détail la conscience du pays a clairement perçu et ce qui explique l'inquiétude et le souci qui le tourmentent.

Dans ces grèves, un second ordre de faits à ému l'opinion publique. Elle a le sentiment que si la liberté de la grève est entière, la liberté du travail n'est pas toujours efficacement protégée. Menaces, attroupements, huées, violences, les grévistes ont pu à peu près tout se permettre. La rue leur a été abandonnée et ils l'ont si bien occupée que les ouvriers indépendants n'ont pu se rendre à leurs chantiers sans être molestés, injuriés de toutes les manières et quelquefois battus.

A Marseille, le maire, M. Flaissières, par des ordres qui ressemblaient à une ironie, recommandait à la police de respecter et de protéger le droit des grévistes, lesquels montaient alors sur les bateaux pour en débaucher les équipages et faisaient bonne garde, sur les quais et devant les entrepôts et usines, pour y empêcher tout travail.

Que de fois, au Hâvre et à Dunkerque, les ouvriers qui voulaient travailler ont dû rentrer chez eux parce qu'ils ne pouvaient paraître dans la rue, sans s'exposer aux plus intolérables sévices ! Si l'on objecte qu'en somme, il n'y a pas eu mort d'homme, que la police a essayé de faire son devoir, l'opinion répond qu'elle ne l'a pas fait tout entier, qu'elle n'a pas fait respecter, en particulier, la loi sur les attroupements, qu'elle a paru faible, ce qui pour elle est le commencement de la défaite et le signe de l'impuissance. La situation matérielle et morale a-t-elle jamais été égale entre ceux qui voulaient chômer et ceux qui ne le voulaient pas ?

Si les grévistes agissent avec le sans-façon dont on a vu tant de preuves, est-ce chez eux violation préméditée d'engagements prévus, mépris du respect des contrats, oblitération du sens moral ? Nullement, mais nombre de grévistes sont convaincus qu'ils ont le droit de rompre à leur gré le contrat de travail et que, sans le moindre avis préalable, ils peuvent toujours, si bon leur semble, se mettre en grève. A propos d'une grève survenue dans une maison de bonnetterie à Troyes, l'exposé officiel raconte que le patron ayant invoqué les usages de la place, d'après lesquels un contrat ne peut être interrompu brusquement sans observer les délais de prévenance, qui sont au moins de huit jours, et ce, toutes les fois qu'une des parties demande une modification des con-

ditions du travail, les ouvriers répondirent « qu'ils ne
« connaissaient aucun texte de loi ou usages qui obli-
« gent à avertir le patron et qu'ils ont le droit de se
« mettre en grève, à quelque moment que ce soit, sans
« prévenir le patron et ce, d'après la loi sur les coali-
« tions ».

Comme le fait remarquer la Direction du Travail
« c'était là une erreur grossière du côté des ouvriers ».
Dans l'une des grèves dont l'historique nous est présenté,
on trouve un exemple que bien des grévistes pourraient
méditer. Deux cents bûcherons, employés à l'écorçage
dans les bois de Cernoy (Loiret) demandèrent, le 8 Mai,
une augmentation de salaire qui leur fut refusée ; ils
quittèrent aussitôt le travail. Alors, l'un des patrons as-
signa ses ouvriers devant le Juge de Paix pour être condamnés à des dommages-intérêts pour rupture brusque
du contrat de louage. Ceux qui ne reprirent pas le travail « furent condamnés solidairement à payer des dom-
« mages-intérêts à fixer ultérieurement, pour le préjudice
« causé par la cessation du travail et, en outre, à payer,
« chacun, une indemnité de 4 francs pendant quinze
« jours, s'ils ne reprenaient pas le travail dans les 24
« heures ». L'exposé ajoute : « Après le prononcé du
« jugement, tous les grévistes ont repris le travail ».

Le malheur est que l'erreur grossière, si bien signalée
par la Direction du Travail, passe trop souvent pour vérité acquise. Non seulement, les grévistes ont une tendance à se croire tout permis, mais quand des travailleurs ont rompu brusquement leurs engagements,
les victimes de cette violation des contrats hésitent à en
poursuivre la réparation. Quelles sanctions, d'ailleurs,
seraient possibles dans un nombre considérable de cas ?
On touche là l'un des points faibles des conventions qui

interviennent entre patrons et ouvriers. Les premiers ne pourraient enfreindre leurs promesses, manquer à leur parole sans encourir des responsabilités certaines. Au contraire, leurs contractants, en général, se croiront à peu près sûrs d'échapper aux responsabilités correspondantes. Comment poursuivrait-on des centaines et parfois même des milliers d'ouvriers? Comment leur condamnation à des dommages-intérêts, cette condamnation fût-elle légalement certaine, se verrait-elle suivie d'effet ?

Si la réparation des dommages causés par toute dénonciation brutale du contrat de louages de services pouvait, dans une mesure quelconque, incomber aux meneurs, aux entrepreneurs de grèves, aux politiciens qui excitent à la cessation du travail, s'ils étaient appelés à rendre compte des ruines et des souffrances dont ils sont les complices, sinon même les auteurs principaux, la situation changerait du tout au tout. Mais quant aux grévistes, eux-mêmes, ils sont protégés contre tout recours efficace par leur nombre ou par la misère même qu'engendre la grève.

Nous devions faire ces tristes constatations parce qu'elles s'imposent à tout bon citoyen et que fermer les yeux sur les dommages et les conséquences que de tels précédents peuvent avoir, ce serait la plus misérable des imprévoyances.

Les réclamations formulées sont loin d'avoir toujours été justifiées, comme l'indique la statistique officielle. Pour s'en assurer, il suffit de remarquer que moins d'un cinquième des grèves motivées par des augmentations de salaires, soit 113 seulement sur 580, ont été suivies de réussite. Même en faisant aussi large qu'on voudra la part des grèves ayant échoué, bien que théoriquement justifiées peut-être, on est forcé, en présence de pareils chiffres, de reconnaître qu'un trop grand nombre de demandes ont été formulées, sans étude préalable suffisante, sans raison plausible.

La recrudescence extraordinaire des grèves pendant l'année 1900 paraît ainsi avoir été due bien moins à des revendications économiques, toujours dignes de sympathie, qu'à des visées révolutionnaires ou à de regrettables entraînements.

Les salaires, en effet, en France, tout au moins, sont rarement diminués par les patrons. Ceux-ci considèrent volontiers le prix de la main-d'œuvre comme acquis, abstraction faite des fluctuations éprouvées par les bénéfices. Quand ceux-ci se réduisent, on s'efforce de maintenir intacte la rémunération de la main-d'œuvre. S'élèvent-ils? On estime qu'une moyenne s'est établie et qu'il n'y aurait pas lieu, en principe, à un rehaussement.

Naturellement, les ouvriers ne partagent pas cette manière de voir. Ils acceptent bien que le salaire acquis soit tenu pour un minimum inattaquable, mais ils sont d'avis que ce minimum devrait être susceptible d'amélioration chaque fois que la prospérité de l'industrie ou les circonstances s'y prêtent.

Lorsque le taux de l'intérêt tend à fléchir comme il le fait en temps normal, grâce à la multiplication des capitaux et au perfectionnement incessant des outillages, qui diminue le prix de revient, le maintien du taux des salaires à un niveau invariable serait un contresens évident. La loi du progrès pousse d'une façon régulière les salaires du travail à un niveau de plus en plus élevé.

On devrait seulement souhaiter que les effets de cette loi économique se fissent sentir sans conflit possible, entre salariés et salariants.

Néanmoins, il suffit qu'une légère proportion de salaires ait paru mériter un relèvement après une interruption brutale du travail pour qu'on semble en droit de souhaiter, chez les patrons, une sollicitude plus en éveil, afin de devancer les demandes d'augmentation. A cet égard, il est indéniable que de sérieuses difficultés existent, rien n'étant plus douteux que le délai pendant lequel des bénéfices déterminés seront gardés. Par exemple, si une hausse énorme des charbons a procuré dernièrement à l'industrie houillère des gains presque inespérés, rien n'était plus problématique que la durée de cette hausse. Dès lors, dans quelle mesure était-il possible de la transformer en sursalaires? On conçoit que bien des hésitations fussent permises. Mais, précisément, un moyen pratique ne se présente-t-il pas pour lever cette difficulté? Les ouvriers ne devraient-ils pas, à l'aide d'une participation aux bénéfices, être assurés que leurs salaires pourront profiter des améliorations industrielles et commerciales ?

Il ne s'agit ni de modifier la nature du salaire proprement dit, ni de réduire l'autorité patronale, ni d'affaiblir les responsabilités nécessaires des chefs d'industrie. Toute la question est de savoir si, par une organisation meilleure du salariat, il ne serait pas désirable que, sans trouble dans les relations entre ouvriers et patrons, sans grèves, sans initiatives inopportunes ni d'un côté ni de l'autre, le taux des salaires pût suivre les variations des bénéfices. Quiconque a examiné de près ce problème est convaincu que la solution n'en est nullement impossible. Au Congrès International de la participation aux bénfices, les constatations les plus encourageantes ont été faites. Tout le monde aurait avantage à s'en inspirer.

Les ouvriers éviteraient même de la sorte les pertes que leur infligent les grèves. Le rapport officiel n'évalue pas à moins de neuf millions et demi les salaires perdus dans 508 grèves en 1900. Pour 201 grèves ayant compris 39.710 grévistes et ayant abouti à des échecs, les pertes signalées n'ont pas été moindres de 3.200.000 fr. Voilà un sacrifice qu'aucun dédommagement ne vient atténuer. Que de souffrances, que de colères aussi il doit avoir suscitées ! Quant aux autres grèves terminées soit par une transaction, soit par un succès, elles ont causé plus de six millions de pertes aux travailleurs. Le rapport exprime, il est vrai, l'avis que les rehaussements obtenus doivent, au bout d'un certain temps, compenser, et au-delà, les pertes subies par les grévistes.

Mais on se tromperait lourdement si, dans une comparaison de ce genre, on se bornait à mettre en parallèle le montant des sommes résultant d'une hausse de salaires et les pertes de rémunération subies pendant la période du chômage. Celles-ci sont malheureusement plus graves que les chiffres d'une statistique ne peuvent le révéler. Pendant une grève, il faut vivre le plus souvent à crédit: l'ouvrier s'endette. Qui dira les pertes indirectes, matérielles et morales qui sont la conséquence de cette situation. D'autre part, combien de temps durent les augmentations arrachées par une grève ?

« S'il est vrai que, dans le travail à la journée, les
« augmentations acquises se conservent ordinairement
« plus d'une année et souvent indéfiniment, les change-
« ments de tarifs dans le travail aux pièces et notamment
« dans l'industrie textile ne s'appliquent fréquemment

« qu'à un article de fabrication temporaire que la mode
« n'impose que pendant quelques mois (1). » Rien de
plus juste que cette observation du rapport.

Plus on approfondit cette question des grèves, plus
on trouve lamentable le développement qu'elles ont pris.
Souhaitons que les masses laborieuses, mieux éclairées
sur leurs véritables intérêts, se défient de plus en plus
d'une arme qui les blesse si grièvement. C'est à des
moyens d'entente cordiale qu'il faudrait faire appel; à
des mesures de solidarité et d'harmonie sociale, non à
des déclarations de guerre où les victoires même s'achè-
tent si cher.

-----

(1) *Statistique officielle des grèves.* — *op. cit.*, Rapport de M. A.
Fontaine, page IX.

CHAPITRE VII

Les grèves de 1900 à l'Étranger
Leurs motifs, leurs résultats et leurs
conséquences

Jetons maintenant un rapide coup d'œil sur les grèves survenues à l'étranger au cours de cette même année 1900. Nous verrons qu'elles n'ont été ni moins nombreuses, ni moins violentes et qu'elles ont laissé après elles, autant de ruines, autant de misères qu'en France.

En Angleterre, 648 grèves avec 188,538 chômeurs, volontaires ou forcés, se seraient produites pendant cette période; le nombre de journées perdues du fait de ces grèves aurait atteint 3.152.694 ; aucun lockout n'aurait été mentionné (1). C'est certainement, ainsi que le montre le tableau suivant, le total des grèves le moins élevé que l'on ait enregistré, depuis 6 ans.

(1) D'après le *Bulletin de l'Office du Travail* et le *Report on the strikes and lock-outs of 1900* (Board of trade ; labour department).

ANNÉES	NOMBRE de Grèves	NOMBRE de Grévistes	NOMBRE de jours chômés
1894	929	325.248	9.529.010
1895	745	263 123	5.724.670
1896	926	198.190	3.746.368
1897	864	230.267	10.345.523
1898	711	253 907	15.289.478
1899	719	180.217	2.516.416
1900	638	188.238	3.152.694

Les grèves les plus importantes ont éclaté dans :

Le bâtiment, 146, avec 19,178 grévistes, ayant chômé 726,626 jours.

Les mines et carrières, 136, avec 74,364 grévistes, ayant chômé 552,932 jours.

Les métaux 111, avec 19,810 grévistes, ayant chômé 349,130 jours.

Les textiles, 96, avec 24,143 grévistes, ayant chômé 411,368 jours.

Les transports, 50, avec 23.026 grévistes, ayant chômé 303,780 jours.

L'industrie du vêtement, 38, avec 2.154 grévistes, ayant chômé 60,121 jours.

Les régies municipales, 11, avec 895 grévistes, ayant chômé 8,465 jours.

Industries diverses, 60, avec 24.968 grévistes, ayant chômé 740,272 jours.

Les causes principales de ces grèves ont été :

Les questions de salaires, invoquées dans 353 grèves, (soit plus de la moitié du nombre total), avec 82,903 grévistes, ayant chômé 2,103 283 journées (plus des 2/3 du nombre total).

La durée du temps de travail : 6 grèves, 718 grévistes, et 125,365 jours.

La réglementation du travail : 110 grèves, 29,383 grévistes, et 449,278 jours.

L'affiliation à des syndicats : 42 grèves, 19,573 grévistes, et 220,189 jours.

Quant aux résultats de ces grèves, ils sont édifiants.

7

Nous allons d'ailleurs laisser parler les chiffres. Sur les 648 grèves qui se sont produites en Angleterre au cours de l'année 1900, 487, avec 155,025 grévistes, se sont terminées par un arrangement direct ou par des négociations entre les parties ou leurs représentants ; 13 grèves, avec 8,593 grévistes, ont donné lieu à une conciliation ou médiation ; 19 grèves, avec 7,118 grévistes, ont donné lieu à un arbitrage ; dans 45 cas, 8,895 grévistes ont repris le travail aux conditions stipulées par les patrons, sans négociation ; 4,918 grévistes ont été remplacés purement et simplement dans 71 grèves ; enfin, dans 4 cas et pour 300 grévistes seulement, la grève s'est terminée par une fermeture d'ateliers ou de chantiers.

Autrement dit et pour tirer de cette monotone énumération une conclusion claire et précise,

30 % de ces grèves ont abouti à une réussite;

42 % — — à une transaction;

24 % — — à un échec;

4 % — ont donné lieu à des solutions mal définies.

Cette faible proportion des échecs prouve bien la force, la puissance de l'organisation ouvrière anglaise et le degré d'instruction auquel cette classe est parvenue.

On sait que l'Angleterre est la terre classique des grèves. Les ouvriers anglais ont cette liberté depuis 1824; les grèves chez eux ont été souvent violentes et criminelles, elles n'ont jamais respecté la liberté du travail, mais elles se sont toujours cantonnées dans la limite des intérêts ; la politique en a été sévèrement écartée. Enfin, les Trades-Unions, organisées pour les fomenter et les soutenir, sont aujourd'hui des institutions qui, souvent, cherchent la conciliation et réservent leur fortune pour soulager les malades, les blessés et venir au secours des malheureux.

C'est à ces causes diverses qu'il faut attribuer le chiffre décroissant des grèves, en Angleterre. Une longue pratique a donné conscience aux Trades-Unions de la grandeur et de l'utilité de leur rôle, elles ne sont donc pas disposées à prendre des résolutions hâtives ou inconsidérées, ni à sacrifier légèrement pour une cause futile ou pour un but à atteindre les intérêts élevés et permanents dont elles ont la garde.

M. Paul Leroy-Beaulieu établissant, il y a quelques années, une classification entre les diverses nations, suivant l'importance respective de leurs grèves, plaçait au premier rang l'Angleterre, après laquelle venait immédiatement l'Allemagne. Cette classification n'est peut-être plus très exacte sur tous les points. Elle attribue à l'Angleterre un rang qui ne lui appartient plus et elle donne à l'Allemagne une place qu'elle ne mérite pas davantage. Mais il est certain, cependant, que les grèves y sont très fréquentes.

On a compté pour la période qui nous occupe 1462 grèves, dont 1433 se sont terminées au cours de l'année 1900. Le nombre des ouvriers qui y ont pris part s'élève à 122,803, répartis entre 7,740 exploitations (1).

Le nombre des journées de chômage des grévistes n'est pas indiqué par la statistique ; mais on évalue approximativement les pertes de salaires qu'ils ont subies à à 6,750,000 francs.

L'année 1899 n'avait eu à enregistrer que 1288 grèves, avec 99,338 chômeurs, atteignant 7,121 établissements

(1) D'après : *Streiks und Aussperrungen im Jahre 1900.* Berlin 1901. Office impérial de Statistique.

et occasionnant une perte de salaires de 5,375,000 francs.

Les industries les plus atteintes ont été en 1900 :

Le bâtiment..	496 grèves.
Le travail du bois..................................	197 »
Le travail des pierres et des terres...............	99 »
Le travail des métaux..............................	89 »
L'alimentation......................................	77 »
Les textiles	73 »
Le vêtement..	73 »
La fabrication des machines........................	66 »
Les transports.....................................	58 »
Les mines..	56 »

Les demandes d'augmentation de salaires ont donné lieu, pour les industries que nous venons de citer, à 844 grèves ; les demandes de maintien de salaires à 95 grèves ; d'autres questions relatives aux salaires ont occasionné également 329 grèves.

La durée du temps de travail a été invoquée dans 306 cas.

Les demandes de renvoi de supérieurs, ou de réintégration d'ouvriers congédiés ont été également la cause de quelques grèves.

Les résultats, pour l'ensemble des grèves, se résument ainsi :

275 grèves, soit 19 % du nombre total, se sont terminées par un succès.

505 grèves, soit 35 % du nombre total, se sont terminées par une transaction.

653 grèves, soit 46 % du nombre total, se sont terminées par un échec.

Des poursuites judiciaires ont été exercées au cours de 194 conflits.

Quant aux *lock-outs*, 38 ont été enregistrés pendant l'année 1900, dont 13 se sont terminés par un succès complet pour les revendications patronales ; 17 par un succès partiel, et 5 par un échec.

Ils affectèrent 607 établissements, avec 9,085 ouvriers, principalement parmi les industries du bois, du bâtiment et des chantiers maritimes.

Le mouvement gréviste qui s'est manifesté, comme nous le verrons bientôt, dès le commencement de l'année, en Bohême et en Moravie, a eu son contre-coup dans les bassins miniers voisins de la Saxe et de la Silésie allemande, causant ainsi de grands troubles dans l'industrie de ces régions, principalement dans l'industrie des transports, la métallurgie et la verrerie.

Nous mentionnons plus particulièrement la grève des charbonnages de Zwickau qui, pendant un mois, a jeté le trouble dans la vie de cette province, par l'importance du nombre des grévistes (24 % des mineurs du bassin) et la situation difficile qu'elle créait pour un grand nombre de familles miséreuses, en les privant, en plein hiver, de combustibles.

Parmi les grèves importantes au point de vue du nombre des grévistes, il faut citer encore celle des ouvriers et employés de la Cie des Omnibus de Berlin (1) qui, commencée en fin avril 1900, s'est terminée quelques jours après ; plus tard, vers la fin de mai, les grèves des employés de tramways de Stettin et de Hanôvre et celle des employés des tramways municipaux de Cologne. Les grévistes réclamaient une augmentation de salaires, 4 jours de congé payés par mois, une réduction de la journée de travail et l'extension des services de la caisse de maladie et de secours. Les Compagnies et les Municipalités intéressées ont accepté la plupart de ces demandes, ce qui a mis fin à la grève.

Il n'en a pas été de même de la grève des chantiers de

____

(1) Cette grève fut le prétexte de graves désordres auxquels, il faut le reconnaître, les grévistes ne prirent aucune part. On vit la populace exaspérée attaquer les tramways au carrefour de la Porte Rosenthal, et engager avec la police de sanglantes batailles. (*Le Temps,* 23 mai 1900).

constructions navales de Hambourg. Cette grève, qui a duré près de 3 mois avec 6,000 grévistes, s'est terminée sans que les ouvriers aient rien obtenu. Ils demandaient notamment la fixation d'un salaire minimum, la suppression du travail aux pièces et la diminution des heures de travail (1).

Si nous passons maintenant à l'Autriche, nous constatons que 303 grèves, avec 105,128 grévistes, se sont produites pendant le cours de l'année 1900 (2). Le nombre de jours chômés a atteint 3,483,693.

Les établissements atteints ont été au nombre de 1,003, soit les 67,29 % de la totalité des exploitations industrielles.

L'année 1899, tout en ayant eu à enregistrer un nombre de grèves supérieur, 311, atteignant 1,330 établissements, n'avait compté que 54,763 grévistes, ayant perdu 1,029,937 journées. Les grèves de 1900 sont donc remarquables par l'augmentation sensible des grévistes et des jours de chômage, due aux conflits particulièrement nombreux et importants dans les mines. Ils ont été signalés surtout en Basse-Autriche, en Bohême, Moravie et Galicie, pour les mines, les métaux, le bois, l'industrie des cuirs, peaux, soies, crins et plumes, les textiles, le vêtement et les modes, les industries graphiques.

L'importance ainsi que les résultats des grèves dans

(1) D'après le *Bulletin de l'Office du Travail*, l'*Arbeitsmarkt* et le *Reichsanzeiger*.

(2) D'après l'*Arbeitseinstellungen und aussperrungen in Œsterreich während des Jahres 1900*. (Ministère du Commerce; Service de la statistique du travail).

les principaux groupes industriels ressortent du tableau suivant :

	Nombre de grèves	Nombre de grévistes	Résultats °/. des conflits		
			Réussite	Transaction	Echec
Mines.................	40	78 791	15	52.50	32 50
Textiles..............	56	12.010	8.93	62.50	20 57
Industries du bois....	34	1.391	29.41	29.41	41.18
Travaux des métaux..	26	1.977	26.92	38.46	34 62
Vêtements et modes..	37	1.644	11.11	77.78	11.11
Industries des cuirs ..	20	604	30	55	15
Bâtiments............	23	4.849	21.74	26 09	52.17
Industries graphiques.	17	204	35.29	17 65	47.06
Fabrication des machines.................	13	519	23.08	23.08	53.84
Industries extractives.	19	574	26.32	31.58	42.10

Les causes de ces grèves ont été, dans la majorité des cas, *l'insuffisance des salaires*, nécessitant des demandes d'augmentation invoquées dans 221 grèves, *la durée du temps de travail* dans 117 grèves, *l'antipathie à l'endroit des supérieurs, l'inobservation du repos dominical*, le mécontentement provoqué par *le mode de répartition du travail*.

En ce qui concerne les pertes de toute nature supportées, et par les patrons, et par les ouvriers, à raison des grèves de 1900, la statistique n'a pu arriver qu'à des approximations, sauf pour les mines, où le retrait de la production est évalué assez exactement à :

47,300,000 tonnes de houille.

1,100,000 — de coke.

12,000 — de minerai de zinc.

La somme totale perdue en salaires par les travailleurs serait à peu près de 10,934,700 francs, contre 2,354,000 francs, en 1899 pour 54,763 grévistes. Les grèves de 1900 entraînèrent 871 arrestations ; 674 condamnations furent prononcées, toutes répressions motivées par les infractions à la loi de « coalition ».

Quant aux lock-outs, 10 ont été signalés. On a compté 2,317 ouvriers atteints sur un personnel total de 4,521 travailleurs, soit une proportion de 75,81 %, répartis entre 18 établissements. 6 se rapportent à l'industrie textile. Dans ces 6 cas, les ouvriers furent renvoyés, à la suite des manifestations du 1er mai; dans quelques autres cas, la mise à l'index de l'atelier, motivée par le refus du patron de réduire la durée de la journée de travail, fut la cause de la fermeture des ateliers.

Le plus fort contingent de grévistes a été fourni par la Bohême et la Basse-Autriche. Au commencement de l'année, en effet, une grève, que l'on avait jugée d'abord comme devant être sans importance et de courte durée, éclatait chez les mineurs de Styrie, puis dans les bassins houillers de Bohême, de Moravie et de Silésie. En Styrie, la grève se termina bientôt par une entente. Dans les autres centres miniers, en Bohême, en Moravie, en Silésie, les ouvriers demandaient la réduction du travail à 8 heures, une hausse de salaires de 20 %, avec un salaire minimum de 2 florins (4 fr. 20), la délivrance annuelle de trente quintaux métriques de charbon à tout ouvrier entretenant un ménage. Ils demandaient, en outre, l'interdiction de renvoyer un ouvrier sans le consentement préalable de la corporation et la reconnaissance du 1er Mai comme fête des travailleurs. Ces réclamations, dont nous ne mentionnons que les grandes lignes, furent l'objet de concessions diverses de la part des Sociétés minières. Il n'en est pas moins vrai cependant que le 22 janvier, 60,000 mineurs, sur 90,000 travaillant dans la région, avaient abandonné le travail. Dans les mines, des rixes sanglantes avaient lieu. Le gouvernement autrichien prit alors, à différentes reprises, certaines mesures qui ne furent pas suivies de résultats plus heu-

reux que celles prises précédemment par les Compagnies.
Il recommandait la conciliation, il envoyait un de ses
représentants, le Ministre de la Justice, en personne, à
Märisch-Ostrau, tandis qu'un haut fonctionnaire de
l'Agriculture, M. le baron de Spens, était délégué à
Kladno. Les efforts faits par le gouvernement pour arriver à un accord entre patrons et ouvriers étaient cependant encore infructeux au milieu de février.

Au point de vue économique, on estime que l'extraction de combustible fut réduite de 5 millions 1/2 de
quintaux métriques par semaine. Cette situation fâcheuse
ne pouvait manquer de paralyser la vie industrielle de
toute la région. C'est ce qui se produisit ; de nombreux
établissements industriels réduisirent leur production,
quelques-uns même s'arrêtèrent.

Le 20 mars, la grève continuait toujours. Cependant,
vers la fin de ce mois, les chefs du mouvement ayant
déclaré qu'il leur était désormais impossible de fournir
des secours de grève en argent, l'ardeur de beaucoup se
trouva considérablement refroidie et la rentrée des grévistes à la mine se fit en masse.

Les ouvriers n'ont pu obtenir, malgré leur tenacité, la
fixation d'un salaire minimum et la journée de 8 heures.
La grève a duré 54 jours, et on estime qu'elle a coûté
au pays environ un million de couronnes par jour ; dans
l'ensemble, la perte de gain pour les ouvriers a été de
8 millions de couronnes ; celle des mines de 7 millions 1/2
pour toute la durée de la grève (1).

---

(1) D'après *Le Temps* des 27 et 31 Janvier et des 1er, 3 et 8 février.
Nous avons puisé également plusieurs des renseignements que
nous donnons, dans les rapports de S. E. l'Ambassadeur de la
République Française, à Vienne, et dans celui du Consul général de
France, à Prague.

En ce qui concerne les grèves de Belgique, il est à remarquer qu'elles se sont signalées par de grandes violences ; elles ont été conduites par des meneurs d'un caractère particulier ; la politique y a joué un grand rôle.

Pour les onze mois sur lesquels nous avons pu nous procurer des renseignements, nous avons noté 116 grèves avec 60,407 grévistes. Parmi les industries les plus atteintes, nous mentionnons les charbonnages, les industries textiles, la verrerie et le travail des métaux.

Les causes de ces conflits ont porté presque généralement sur l'augmentation des salaires. Quelques-uns ont été motivés par des demandes de réduction de la journée de travail et de réintégration d'ouvriers congédiés ; la question syndicale a provoqué également quelques grèves.

Quant aux résultats de ces grèves, ils contiennent tout un enseignement : sur les 93 cas dont il nous a été donné de connaître l'issue, nous avons enregistré 19 réussites seulement, 21 transactions et 53 échecs. Ces chiffres nous dispenseraient de commentaires. Qu'il nous soit permis cependant d'insister quelque peu sur l'issue stérile de toutes ces grèves violentes et mal fondées.

Au commencement de l'année, les 2,000 ouvriers, travaillant dans les 13 ateliers de construction et de réparation des navires d'Anvers, avaient formulé une demande d'augmentation de salaires. Le 21 janvier, les patrons avaient fait afficher les prix maxima qu'ils offraient à leurs ouvriers. L'entente était sur le point de s'établir. Mais à l'issue d'une réunion de la Ligue du « Werker », les ouvriers demandèrent un salaire minimum qui était à peu près le maximum offert par les patrons. Ceux-ci refusèrent et annoncèrent, qu'au besoin, ils recourraient

au lock-out. Après avoir rejeté le projet d'une grève générale, les ouvriers métallurgistes eurent recours à une série
de grèves partielles.

Les patrons se décidèrent alors à prononcer le lock-out
et les ateliers furent vidés. Les grévistes sont restés cal-
mes ; ils comptaient sur l'appui des peintres de navires,
réclamant, eux aussi, une hausse de salaires, et sur les
subventions des organisations ouvrières étrangères, qui
leur ont fait totalement défaut. Cette grève, toutefois, n'a
pris fin que le 13 mars.

Le calme qui l'a caractérisée n'a malheureusement pas
présidé à la conduite de beaucoup d'autres grèves dont
quelques-unes sont restées tristement célèbres. Telles
sont, pour ne citer que celles-là, les grèves des Sablières
du Hall de la Vieille Montagne, de la Montagne de la
Cour (1) ; celles des tisseurs de Gand, des verriers de
Charleroi et des dockers d'Anvers.

(1) On nous écrit de Bruxelles : (*Le Temps*, 18 août 1900).
« Une sanglante collision s'est produite sur les chantiers de la
« Montagne de la Cour, entre les ouvriers et la police. Cause pre-
« mière, le renvoi de deux forgerons que l'entrepreneur, M. Fabre,
« avait congédiés pour insuffisance de travail. Ces hommes s'en
« allèrent recruter des vengeurs à Cureghem sur d'autres chantiers
« du même entrepreneur, où ils réussirent à faire faire grève
« et à former une bande pour aller faire l'assaut du chantier du
« « Coudenberg », où d'autres ouvriers étaient demeurés au tra-
« vail. Tout se borna, dans la soirée, à quelques charivaris et à des
« menaces envers le contremaître. Mais, le matin, après une nuit
« passée au cabaret, l'ivresse aidant, les grévistes se montrèrent
« plus méchants et firent de nouveau l'ascension de la Montagne
« de la Cour, avec l'intention arrêtée de tout démolir sur le chantier.
« Ce qu'ils exécutèrent, d'ailleurs, en se ruant sur les ouvriers occu-
« pés et les frappant à l'aide de tous les outils dont ils purent s'em-
« parer, haches, pelles, marteaux, pioches, etc.
« La police accourut et voulut mettre à la raison l'un des plus
« furieux assaillants, qui se défendit avec sa hache et qu'on dut

Ces faits regrettables prouvent une chose, que les ouvriers se laissent trop souvent conduire par leurs pires ennemis. Ils croient tout ce que les meneurs spécialistes des grèves veulent leur faire croire. Mille fois trompés, mille fois ils donnent leur confiance à ceux qui, tous les jours, manquent à leurs promesses. Mais la parole de ces gens là est si passionnée, si violente, si outrageante pour le capital et pour les industriels ! Nous admettons sans réserve que les ouvriers défendent leurs intérêts ; nous les blâmerons toujours quand ils mêleront à ces intérêts des agissements politiques. Nous voulons croire que la duplicité des meneurs et les résultats négatifs de leurs vaines promesses éclaireront un jour leurs victimes.

Au cours de l'année 1900, 1779 grèves ont été enregistrées par le *Département du travail* des Etats-Unis, atteignant 9,248 établissements, avec 505,066 grévistes.

Les causes de ces grèves nombreuses ont été, dans la plupart des cas, relatives aux questions de salaires et à la durée du temps de travail (65 °/₀ environ). La défense de la cause syndicale, la solidarité d'intérêts avec d'autres grévistes en ont motivé également un nombre respectable.

Les résultats de ces grèves accusent une réussite complète pour 46,43 °/₀ du nombre d'établissements en grève,

« frapper au bras, d'un coup de sabre, pour arriver à le désarmer.
« Mais la bande étant accourue au secours du compagnon, la police
« allait avoir le dessous, sans l'intervention du poste de la place
• Royale qui accourut, baïonnette au canon, pour lui prêter main-
« forte. Trois arrestations furent faites ».

une réussite partielle pour 20,62 °/₀, un échec complet pour 36,19 °/₀.

Les industries les plus atteintes ont été les industries métallurgiques, du bâtiment, des charbons, du vêtement, des tabacs et des transports.

Le caractère particulier de ces grèves, c'est la discipline de fer qui préside à leur déclaration et à leur direction. Pour en donner une idée, nous nous permettrons de citer les chiffres publiés par le *Department of Labour of Washington* dans son 16ᵉ rapport annuel.

Ces chiffres qui embrassent une période de 20 années (1881 à 1900) sont significatifs. Sur 22,793 grèves qui se sont produites au cours de cette période, 14,457 affectant 103,455 établissements ont été ordonnées par des associations ouvrières. Les grévistes ont réussi complètement dans 52,86 °/₀ des établissements, partiellement dans 13,60 °/₀ et échoué dans 33,54 °/₀. Les résultats des 8,326 grèves, atteignant 13,913 établissements, qui n'ont pas été ordonnées par des associations, sont tout différents : ici, les ouvriers ont réussi complètement dans 35,56 °/₀ des établissements, partiellement dans 9,05 °/₀, et échoué dans 55,39 °/₀.

Les grèves des Etats-Unis démontrent au plus haut degré l'irritation profonde des masses ouvrières contre l'aristocratie de la richesse.

C'est un pays où l'éclat du luxe n'a pas de bornes : on n'y sent pas que cet éclat est profondément outrageant pour l'homme qui n'arrive à gagner sa vie et celle de sa famille qu'au prix d'un rude et incessant labeur. L'envie est en effet cousine germaine de la haine, et ces deux sentiments sont loin d'être étrangers aux grèves. Aussi ne devrait-on jamais oublier que la fortune impose des devoirs dont le premier est le respect des humbles. Les parvenus n'ont pas assez cette vertu. En Amérique, il s'en produit beaucoup, et c'est dans ce pays que le travail n'a souvent d'autres égards que ceux qu'on accorde généralement à une marchandise.

Mais les ouvriers ont pris conscience de leur force, et cette force brutale, trop souvent, et indomptée, ne semble plus devoir rencontrer de barrière.

Nous citerons en passant la fameuse grève des ouvriers du bâtiment de Chicago. Cette grève commencée dans le premier mois de l'année 1900, et qui n'a pris fin qu'au mois d'avril 1901, a tenu en échec pendant plus d'un an le redoutable Trust des entrepreneurs de Chicago. Il n'a fallu rien moins que la proposition de la part des patrons de soumettre le différend à un Conseil d'arbitrage pour terminer le conflit. Et les 30,000 ouvriers faisant partie de l'Union du Bâtiment, l'une des plus puissantes des Etats-Unis, sont rentrés, une fois de plus, dans leurs chantiers, avec l'intime conviction qu'ils étaient désormais inattaquables et que même la puissance des patrons coalisés ne pouvait rien contre eux. La grève, plus récente et plus formidable encore des Aciéries, ne donne que plus de force à cette assertion.

En Italie, les grèves semblent devenir une sorte d'état chronique depuis deux ans. Dans certaines contrées, sans compter la capitale, une grève ne cesse que pour faire place à une autre.

Du 1ᵉʳ janvier au 31 décembre 1900, on a compté dans l'industrie 383 grèves proprement dites, avec 80,858 grévistes, ayant perdu 493,993 journées de travail ; 27 grèves ont affecté spécialement l'agriculture ; 9 seulement avaient été signalées en 1899 dans l'industrie agricole et 259 avec 43,194 grévistes, ayant chômé 231,590 journées, s'étaient produites dans les autres industries.

Le caractère de ces grèves, qui se sont succédées sans interruption, dans ces derniers temps, diffère beaucoup de celui des mouvements précédents. Autrefois, il sautait aux yeux que les cessations de travail avaient une cause économique. Il n'en est pas de même actuellement. Les raisons de la grève sont politiques. Les meneurs en font une espèce de grande manœuvre, ou de répétition générale de la révolution sociale.

Cela est tellement vrai qu'un des socialistes italiens les plus connus, M. Turati de Milan, définit ce caractère des récents mouvements d'un mot : « les *vaines grèves* ». M. Turati ne voudrait pas de ces « vaines grèves », d'où ne peuvent sortir que des difficultés et des malentendus, comme cette malheureuse affaire de Biella. « La grève par contagion, par solidarité est plus « qu'inutile : elle est dangereuse (1) ».

Voilà la vérité dite par la bouche d'un homme qui connaît bien la foule et ses meneurs, pour avoir été longtemps un agitateur professionnel. Ce qui bouleverse la classe populaire, à l'heure actuelle, c'est bien moins une situation économique critique — encore, qu'il ne faille pas la dissimuler ou la prendre à la légère — c'est une sorte de maladie contagieuse qui menace de devenir endémique.

Deux caractères particuliers et nouveaux dominent le mouvement actuel : le premier est que, là où les socialistes ont voulu intervenir dans le sens politique que développe M. Turati, ils ont été impuissants. Le vieux mot confirme

(1) *Le Temps*, 29 août 1901.

encore une fois sa triste vérité : « Je suis leur chef : il
« faut bien que je les suive! ». Ceux de Milan, par
exemple, déconseillaient une grève des ouvriers et employés de tramways, qui a lamentablement échoué d'ailleurs. Ils ont été débordés, laissés de côté. Chambre du
travail, députés socialistes ont essayé de s'entremettre;
ils ont proposé un arbitrage entre la Compagnie et les
grévistes : or, ce sont ces derniers qui les ont repoussés
avec dédain.

L'autre phénomène nouveau, c'est la multiplication
des grèves rurales; on en parle moins, on a moins de
détails sur ce mouvement difficile à étudier. Mais cela est
incontestablement plus grave. L'Italie est le seul pays
d'Europe, — avec la Hongrie où l'on fait silence, tant
qu'on peut, sur ces effrayants symptômes, — qui ait un
socialisme agraire.

Si cet état de choses était purement économique,
comme fut, par exemple, il y a quelques années, le mouvement des « Fasci lavoratori » de Sicile, écrasé, pour
un temps, par Crispi, il ne laisserait pas d'être inquié-
tant. Mais les dispositions des grévistes des campagnes
semblent différentes de celles des paysans qui se soule-
vaient aux cris toujours unis de : « A bas les impôts et
les octrois ! » et de « Vive le Roi! ». Les Fasci partaient
à l'assaut des bureaux des agents du fisc, précédés d'un
portrait de Humbert I⁰ʳ, en guise de drapeau. On ne dit
pas quel drapeau déploient à l'heure actuelle les paysans
mécontents, ni quels cris ils profèrent. Des « ligues de
résistance » enrôlent, peu à peu, dans toutes les provinces,
la population rurale. Où commencera cette résistance
qu'on annonce de tous côtés et surtout, comment finira-
t-elle ? Cette triste affaire de Biella, où il a fallu finir,
conformément à la loi, par tirer sur les résistants, est un

triste augure. On peut s'étonner que le Gouvernement italien montre si peu d'émoi et que rien ne perce encore de ses décisions. Quels sont les remèdes économiques et politiques à la situation intérieure ? « On en est encore « réduit, dit *Le Temps* du 29 août 1901, à se le demander. « M. Carcano, le nouveau ministre des finances, prépare, « dit-on, *un omnibus* ! » Les sceptiques ne manqueront pas de remarquer que chacun de ses prédécesseurs en a fait autant, que pour faire marcher un « omnibus » il faut un attelage qui tire du même collier. Or, dans l'attelage, il y a toujours un des ministres qui retient l'allure : c'est celui du Trésor, soucieux de son précaire équilibre. Voilà pourquoi M. Carcano, avec les meilleures intentions, fait son omnibus petit... petit... et pourquoi cependant, le précieux véhicule risque de ne pouvoir rouler en plaine.

La question sociale qui est de tous les temps, qui existait hier comme elle existera demain, s'est posée en Espagne comme ailleurs, et parfois avec une terrible évidence; il suffit de rappeler les grèves qui ont désolé les centres ouvriers de la Catalogne, le paupérisme et les révoltes des grandes villes, l'attaque de Xérès par des populations rurales affamées, les attentats anarchistes de Barcelone. Toutefois, par suite des circonstances, ce problème social, qui a revêtu souvent un caractère tout particulier de violence dans ses manifestations, est, jusqu'à ce jour, moins compliqué qu'en France ou en Allemagne. Ce retard dans la propagande socialiste s'explique par l'instruction rudimentaire du peuple, la prédominance du clergé sur les populations rurales, le développement incomplet de l'industrie et, par suite, la faible proportion de l'élément ouvrier.

Le collectivisme de Karl Marx ne peut prendre de profondes racines dans ce pays et si parfois un souffle révolutionnaire l'agite, « il revient vite à sa douce quié- « tude. Il ne désire ni ne veut faire autre chose que de « s'abandonner à son rêve, croire à l'autre monde et se « laisser bercer dans les bras de l'Eglise (1) ».

Quant à la Suisse, quoiqu'elle occupe un rang des plus honorables parmi les puissances manufacturières et commerciales de l'Ancien Monde et du Nouveau, elle doit aux habitudes économes de ses ouvriers et aux bonnes relations qui ont existé longtemps entre les patrons et les travailleurs d'avoir peu connu les grèves. Population à la fois industrielle et agricole, ayant des idiomes différents, la Suisse n'a pas offert, d'ailleurs, un champ très favorable à la propagande socialiste.

Pendant les deux dernières années cependant, on a signalé l'existence de 137 conflits, dont 91 manifestations relatives aux salaires et 46 grèves proprement dites. Des manifestations 45 réussirent, 25 parvinrent à un résultat partiel et 21 échouèrent ; des grèves pures, 17 eurent un entier succès: 20, un succès partiel et 9 n'aboutirent point.

Cette multiplication croissante des grèves dans ce pays provient de l'extension de sociétés ouvrières fondées par l' « Internationale », pour l'aider dans son œuvre dévastatrice. Ces sociétés, en effet, ont de plus en plus recours à la guerre contre le capital sous sa forme ordinaire, et

(1) *Socialismo Espaniol*. José Esender, *la Justicia*.

le nombre des grèves autrefois insignifiant s'accroit considérablement.

« Les grèves, dit M. Lavollée, sont devenues plus fré-
« quentes, plus prolongées, plus violentes. Les rapports,
« autrefois amicaux et presque patriarcaux des patrons
« avec les ouvriers, tendent manifestement à s'altérer (1) ».

Nous signalerons enfin, pour être complet, un lock-out des ouvriers du bâtiment à Stockolm. A la suite d'un commencement de grèves, dans plusieurs maisons, au mois de mai 1900, les entrepreneurs du bâtiment de Stockolm décidèrent la fermeture de leurs chantiers. Leurs ouvriers, au nombre d'environ 5,000, se trouvèrent sur le pavé. Ce lock-out amena également l'arrêt du travail pour 20,000 autres travailleurs.

A part ce rare exemple, les grèves ont été à peu près inconnues dans les pays scandinaves, où la liberté de l'industrie existe cependant depuis plusieurs années. La population presque exclusivement agricole ou occupée à la pêche, à l'exploitation des forêts et des mines, ne comprend qu'une faible proportion de travailleurs industriels. Ceux-ci, rattachés d'ailleurs aux chefs d'établissements par des liens de patronage et généralement contents de leur situation, très inférieure cependant à celle des ouvriers français, ne songent guère à se révolter contre leurs maîtres.

Quoique plus industriel que la Suède et la Norvège et plus rapproché de l'Allemagne, le principal foyer du

(1) René Lavollée : *Les Classes ouvrières*. — Tome II, page 188.

socialisme, le Danemark ne diffère pas beaucoup, sous le rapport des relations entre ouvriers et patrons, de ses deux voisins du Nord.

Toutefois, 82 grèves ont été enregistrées au cours de l'année 1900, avec 7,545 ouvriers, ayant perdu 235,877 journées de travail. Ces grèves ont affecté principalement l'alimentation et les tabacs, le bâtiment et la métallurgie.

La Russie est également à classer parmi les pays où les grèves et coalitions d'ouvriers sont rares. L'industrie y est encore peu développée et le travailleur n'y jouit pas encore de la liberté du travail. Soumis à un régime patriarcal qui rappelle le Moyen âge, il n'a guère eu jusqu'à présent ni le moyen, ni la pensée d'essayer, par le chômage, l'amélioration de sa condition.

Tel est le tableau sommaire que nous avons cru devoir tracer, malgré l'insuffisance de nos documents et le vague de nos données. Le parallèle s'imposait entre l'Europe et nous: il faut avouer qu'il est loin d'être à notre avantage. Notre pays tient aujourd'hui un rang auquel nulle autre nation ne prétend, nous jouissons d'une célébrité si triste et si néfaste que personne ne nous l'envie.

Ne serait-il pas grand temps de songer à faire cesser un état de choses si désastreux? D'autres que nous y ont travaillé, dont les efforts sont restés vains. Sans avoir la prétention d'être plus heureux que nos devanciers, nous pensons cependant qu'il y a là un problème dont la solution n'est pas impossible à trouver, et que de la résolution de ce problème datera l'ère de paix et de prospérité promise depuis si longtemps et toujours attendue.

Que faire pour y parvenir? Supprimer la grève ouvrière est impossible. Espérer que l'expérience, à elle seule, en arrêtera les progrès serait enfantin, puisque les populations y trouvent encore souvent un avantage. Il faut chercher les moyens de rendre la discussion plus courtoise, d'inspirer à chacune des parties le respect profond des droits de l'autre, de conserver cu de faire renaître la confiance et l'estime mutuelles.

CHAPITRE VIII

Conclusion

Au cours de cet exposé des grèves survenues en France et à l'étranger, pendant l'année 1900, nous avons constaté le développement d'un phénomène social dont la gravité ne saurait être mise en doute.

Nous avons vu la confiance décroître entre patrons et ouvriers, par la force même des choses et, la grève devenant plus fréquente, la haine se développer. Nous avons vu se dresser les uns contre les autres, syndicats ouvriers et syndicats patronaux, et nous avons assisté aux premières phases de la lutte qui s'organise. Nous nous sommes rendu compte aussi que les lois sociales ne font pas la paix sociale, et qu'il est bon de constater parfois leur impuissance. Enfin, en face des institutions patronales les plus généreuses, souvent méconnues, il nous a été donné d'assister au spectacle le plus lamentable qui se puisse imaginer : des agitateurs de tous rangs se chargeant de tirer parti des souffrances des ouvriers, des ruines de l'industrie dont ils se moquent, et cela au profit de leurs ambitions personnelles. Et si nous avons constaté la nécessité quelquefois, et les inconvénients de la grève dans le régime moderne de l'industrie, nous voulons chercher maintenant, non à faire disparaître toutes les grèves, mais à supprimer celles qui naissent d'un malentendu, à diminuer la durée et l'âpreté des autres. Comprenant toute l'importance éducatrice et défensive du groupement ouvrier, nous voudrions — et nous l'espérons fermement —, que les individualités fortes émergent de ses conseils, forment un état-major assez éclairé pour reconnaître les difficultés de la situation industrielle, assez ferme pour garder son indépendance et la confiance de ses mandants, capable enfin d'aider à rétablir des rapports d'intelligence entre la masse ouvrière et les grands patrons.

La situation actuelle est pleine de dangers; l'heure n'est plus de le dissimuler; il faut absolument la modifier. Il faut une évolution sérieuse et c'est d'en haut qu'elle doit venir.

Il s'agit d'un devoir nouveau, plus délicat, plus difficile à remplir que celui généralement pratiqué jusqu'ici par les patrons les plus généreux; il ne s'agit plus seulement de régler équitablement le juste salaire, ni même de s'occuper avec un vif intérêt et humainement des moyens de procurer aux ouvriers, très souvent exploités, des habitations saines et commodes, une économie raisonnée de la vie, des pratiques de prévoyance pour la maladie, les accidents, la vieillesse. Non! ces institutions ne suffisent plus. Le devoir nouveau dont nous entrevoyons les bienfaits, ce serait le don de soi-même. Le patronage a rendu et rend, chaque jour, de grands services, en luttant contre l'imprévoyance, contre ceux qui, sous toutes les formes, généralement en dehors du travail, exploitent et accaparent à leur profit le salaire de l'ouvrier; c'est bien, ce n'est pas assez. Il faut convaincre l'ouvrier, et c'est là, aujourd'hui, un résultat difficile à atteindre. On ne le convaincra jamais si on ne le rapproche pas de soi, et si, dans ce rapprochement, on ne lui témoigne pas personnellement intérêt et affection; si même, dans ce rapprochement, on ne lui témoigne pas estime et considération.

Il ne faut pas se leurrer, pour arriver à ce résultat, c'est l'esprit industriel tout entier qu'il faudra réformer. Les patrons, en effet, n'ont pas accepté facilement la situation faite aux ouvriers par la loi de 1884 sur les Syndicats. Imbus souvent d'idées économiques et sociales arriérées, ils ont sur les relations qu'ils doivent avoir avec les ouvriers, les mêmes principes que professe l'industriel dépeint par M. René Bazin dans son beau livre *De toute son âme !* Trop souvent, ils ont été contraires aux idées de conciliation; trop souvent aussi, ils se sont retranchés derrière les difficultés que leur suscite la concurrence pour maintenir aux ouvriers des salaires inférieurs.

Mais ceux-ci ne sont pas non plus sans responsabilité devant la situation actuelle; ils ont transformé les syndicats en armes de guerre, ils ont laissé les hommes politiques se servir de leurs associations syndicales « comme de tremplins pour arriver à la députation ».

Aussi ce qu'il y aurait de plus immédiatement désirable, ce serait de voir se trancher partout la question des grèves, comme en Angleterre, par l'appel à la conciliation.

Il conviendrait donc, avant tout, que les classes élevées fussent pénétrées de leurs devoirs. On dit volontiers que ces classes n'existent plus: on se trompe. Elles sont composées des hommes qui savent apprécier les devoirs imposés par la fortune et la position. Ces positions n'ont pas pour but ce qu'on appelle vulgairement le droit de jouir de la vie, mais elles ont pour raison d'être les œuvres de bien auxquelles elles doivent leur impulsion. La fortune est la récompense du travail, des privations, des sacrifices ; elle doit donc relever le travail et inspirer le respect des sacrifices. C'est là le patronage élevé qui conduit l'homme à consacrer tout ce qu'il y a de bien en lui à l'amélioration de ses semblables et à leur bonheur ; il cherche à leur donner le travail qui les honore, à faire fructifier ce travail par l'épargne, à assurer des soins à ses ouvriers blessés ou malades et à leurs familles ; il fait plus : il protège le foyer et les familles. « Son action per- « manente et directe sauvegarde avec vigilance l'intérêt « matériel et moral de ceux qu'il emploie (1) ».

Ce n'est malheureusement pas sans raison que l'ouvrier se juge abandonné ; il faut qu'il se sente soutenu. L'a- bandon le laisse aux mains du premier venu qui l'irrite et en fait un révolté. Le désordre, la démoralisation sont des forces pour les meneurs et alors ces ennemis de la société dénaturent les actes qui ont pour mobile les idées les plus élevées. Le soutien que l'ouvrier rencontre auprès des autorités sociales légitimes en fera au contraire un homme dévoué.

« Il ne faut ni décrier l'ouvrier, ni le flatter », écrivait Louis Reybaud, en 1850. Jamais mieux qu'aujourd'hui ce conseil ne paraît s'adapter aux circonstances. En général, en effet, on ne garde pas à son égard assez de mesure, on ne montre pas assez de justice, on le place trop haut ou trop bas, on va volontiers à l'extrême, soit qu'on l'exalte, soit qu'on le déprécie.

L'ouvrier pris en masse a des vertus, des qualités qu'on

(1) A. Gibon : *La liberté du travail et les grèves.*

ne saurait méconnaître. Il est serviable, désintéressé, dévoué, patient ; il se résigne à une condition précaire, avec une philosophie qu'on ne rencontre pas dans les classes élevées ; il a le sentiment de l'ordre et, dans une certaine mesure, celui de la dignité personnelle ; ce qui lui manque, c'est le souci du lendemain ; ce que nous voudrions voir disparaître chez lui, c'est cette répugnance invincible et involontaire pour ce qui le domine. L'instinct de l'obéissance et de la discipline ne dépasse pas chez lui la sphère des devoirs directs. Il accepte une hiérarchie dans le travail ; hors du travail, il ne reconnaît plus ni conducteurs, ni maîtres. On a pu le voir, en ce qui touche à la politique, désavouer ceux qui parlaient en son nom et donner le spectacle d'une armée où les soldats dictaient la loi aux généraux. L'ouvrier est ainsi fait : il exige toujours plus qu'on ne peut lui accorder et dépasse le but auquel on essaie de le conduire.

Mais si l'ouvrier a eu ses jours d'enfance et d'adolescence, il aura aussi sa période de maturité. C'est à lui d'entrevoir déjà cet avenir et d'y aspirer. Pour s'en montrer digne, il faut qu'il éteigne en lui les prétentions inquiètes et sans but, la soif des réformes impossibles, le besoin d'agitations ruineuses.

Sa principale force est dans sa modération et dans ce progrès lent qui détache incessamment de la classe ouvrière des sujets intelligents et laborieux pour les élever dans l'échelle sociale. Il a pour lui le titre de noblesse des sociétés modernes: le travail.

Ne nous dissimulons pas le danger qu'il y a d'inspirer aux hommes le dégoût de leur condition et de leur faire des promesses qui ne seront pas tenues ; on s'expose à les voir continuer l'utopie dans le sens de la passion et venger leurs mécomptes par des tentatives de bouleversements. Si l'ouvrier ne veut pas devenir le jouet d'une déception amère, il faut qu'il se méfie de ses flatteurs.

Souhaitons, d'autre part, que le principe de l'autorité patronale qui est trop souvent encore un principe « de lutte, de haine, de mort », suive le cours de l'évolution qui s'accomplit aujourd'hui ; souhaitons que ce principe n'accule plus à la grève les ouvriers que la grande industrie oblige à recourir au contrat collectif pour échapper au « contrat léonin »; souhaitons enfin qu'il ne développe plus la haine de classes, car il préparerait ainsi une catastrophe où sombreraient, avec notre civilisation imparfaite, les promesses de progrès moral et matériel qu'elle contient.

Propageons donc les vues de justice et d'entente cordiale, substituons à l'idée ancienne de l'autorité toute seule s'exerçant d'en haut, l'idée du contrat entre parties également puissantes et libres, avec le respect réciproque de la parole donnée Là est la voie du progrès moral, la garantie de paix offerte aux bonnes volontés.

TABLE DES MATIÈRES

Vienne, imp. Ogeret et Martin, 12 et 12 bis, place du Palais